Renovação da Estratégia

HARVARD BUSINESS REVIEW

RENOVAÇÃO DA ESTRATÉGIA

On Strategic Renewal

OS MELHORES ARTIGOS DA **HARVARD BUSINESS REVIEW**

Tradução
Gerson Yamagami

ELSEVIER

SÉRIE HBR COMPACTA

CAMPUS

Do original: *Harvard Business Review On Strategic Renewal*
Tradução autorizada do idioma inglês da edição publicada por Harvard Business School Publishing Corporation

Copidesque: Claudia Amorim
Editoração Eletrônica: Estúdio Castellani
Revisão Gráfica: Edna Cavalcanti e Roberta Borges

Projeto Gráfico
Elsevier Editora Ltda.
A Qualidade da Informação.
Rua Sete de Setembro, 111 – 16º andar
20050-006 Rio de Janeiro RJ Brasil
Telefone: (21) 3970-9300 FAX: (21) 2507-1991
E-mail: *info@elsevier.com.br*
Escritório São Paulo:
Rua Quintana, 753/8º andar
04569-011 Brooklin São Paulo SP
Tel.: (11) 5105-8555

ISBN 978-85-352-3294-3
Edição original: ISBN 978-1-4221-2648-6

Central de atendimento
Tel.: 0800-265340
Rua Sete de Setembro, 111, 16º andar – Centro – Rio de Janeiro
e-mail: info@elsevier.com.br
site: www.campus.com.br

CIP-Brasil. Catalogação-na-fonte.
Sindicato Nacional dos Editores de Livros, RJ

R332 Renovação da estratégia / Harvard Business Review ; tradução Gerson Yamagami. – Rio de Janeiro : Elsevier, 2009. – (HBR compacta)

Tradução de: Harvard business review on strategic renewal
ISBN 978-85-352-3294-3

1. Planejamento estratégico. 2. Desenvolvimento organizacional. I. Harvard Business Review. II. Série.

08-5382. CDD: 658.406
CDU: 65.011.8

Sumário

O crescimento como um processo

Uma entrevista com Jeffrey R. Immelt

THOMAS A. STEWART

Sumário executivo

SOB O COMANDO DE JACK WELCH, os gerentes da General Electric utilizaram intensamente a imaginação para tornar o trabalho mais eficiente. Jeffrey Immelt substituiu Welch como CEO em 7 de setembro de 2001, no momento exato para presenciar as mudanças no mundo. Escândalos corporativos e ataques terroristas abalaram a economia global. Nesse contexto fundamentalmente alterado, Immelt sabia que a GE não poderia simplesmente manter o *status quo*.

A Harvard Business Review oferece a primeira análise profunda da GE sob a administração de Immelt. Em uma conversa com o editor Tom Stewart, Immelt apressou-se em observar que ele não está liderando uma revolução; a produtividade ainda é importante. Mas o novo foco é alcançar o crescimento orgânico das receitas – um grande crescimento. Immelt estabeleceu a meta audaciosa de aumentar as receitas anuais dos negócios existentes da GE ao dobro ou triplo da taxa de crescimento global do PIB.

Para atingir essa meta será necessária uma profunda mudança cultural e, de acordo com as palavras de Immelt, fazer cada gerente considerar essa meta "pessoal".

Ele não tem receio de tomar as medidas necessárias. Ele foi responsável pelas mudanças no conhecido processo gerencial de talento (atualmente, os executivos com maior potencial são aqueles que exibem "características de liderança de crescimento"; estabeleceu novos critérios de desempenho; investiu em novos recursos de marketing e de P&D (pesquisa e desenvolvimento) e criou novos mecanismos para identificar idéias promissoras. Immelt espera resultados positivos para cada uma dessas medidas, mas o verdadeiro benefício é proveniente da combinação de todas elas em um processo que ele chama de "Execução para o Crescimento". Ele acredita que seja vital produzir o crescimento como um processo, pois isso lhe permite explorar uma vantagem tradicional da organização – sua orientação ao processo – e colocá-la a serviço da nova meta. Enquanto isso, os investidores são reassegurados da extensão de que o recente e espetacular crescimento orgânico da GE parece ser o resultado confiável e reproduzível de um processo bem planejado.

Quando Jell Immelt se tornou chairman e CEO da General Electric, ele assumiu o comando de uma máquina de produtividade bem ajustada. Faz muito tempo que a GE leva muito a sério a inovação gerencial – desde os famosos dias das listas de preços, os blue books, na década de 1950, até a transformação de seu centro de treinamento em Crotonville em uma escola de gerenciamento como nenhuma outra no mundo. Sob o comando de Jack Welch, os gerentes da General Electric utilizaram intensamente a imaginação para tornar o trabalho mais eficiente. Com uma série de iniciativas de grande destaque, Welch criou uma ferramenta e uma mentalidade formidáveis para manter a disciplina dos resultados financeiros, enquanto incentivava o aumento do faturamento principalmente por meio da expansão geográfica e das aquisições.

Immelt substituiu Welch em 7 de setembro de 2001, no momento exato para presenciar as mudanças no mundo. A economia global foi abalada pelos escândalos corporativos e, de maneira mais surpreendente, pelos ataques terroristas em solo norte-americano. Operando em um contexto fundamentalmente alterado, Immelt sabia que a GE não poderia manter o status quo.

No quinto ano da administração de Jeff, a Harvard Business Review oferece a primeira análise profunda da GE sob sua administração. Em uma conversa com o editor Tom Stewart, Immelt apressou-se em observar que ele não está liderando uma revolução. Pelo contrário, o desafio foi "pegar essa grande empresa em funcionamento e não perder nada, mas adicionar a ela". A natureza dessa adição? Um foco novo e igualmente disciplinado no crescimento orgânico.

Immelt colocou duas vantagens tradicionais da GE – a orientação ao processo e a capacidade de desenvolver, testar e utilizar as idéias de gerenciamento – a serviço de uma meta diferente. Isso significa formular um processo que poderia, com segurança, criar novas fontes de receita dos negócios existentes. Em relação às iniciativas anteriores, a GE não escondeu os elementos do processo; eles foram detalhados em seu relatório anual de 2005 e são apresentados aqui como uma demonstração. Isso acontece porque a recompensa não está no diagrama, mas na execução. Tudo depende, nas palavras de Immelt, de "tornar pessoal" para cada um dos gerentes.

Veja adiante e decida você mesmo se esse processo, sob a liderança de Immelt, terá sucesso. A meta que a GE havia estabelecido sustentou o crescimento orgânico – duas ou três vezes o crescimento do PIB global – que corresponderia a 8% atualmente. Poucas empresas alcançaram esse tipo de crescimento que a GE está buscando e nenhuma em um patamar de receita de $150 bilhões. Em janeiro, Immelt disse aos altos executivos da GE, no encontro anual em Boca Raton, na Flórida: "O livro de negócios que poderia ajudá-los ainda não foi escrito." No entanto, para ele, não existe outra opção. "Outra década de crescimento de 4% e a GE deixará de ser uma empresa notável", ele disse. "Mas se pudermos aumentar nossa taxa de crescimento sem perder a vantagem na produtividade, a GE continuará sendo a empresa mais admirada até o próximo século."

Você está determinado a mudar a GE de uma cultura de produtividade para uma cultura de crescimento – um crescimento orgânico, para ser mais exato, e não um crescimento por aquisições. Por quê?

Estamos agora em um mundo em crescimento desacelerado. As coisas eram diferentes 25 anos atrás. O petróleo custava menos de $30 o barril, grande parte do crescimento era procedente dos países desenvolvidos e éramos um país tranqüilo. Depois que entrei como CEO, observei o mundo após o atentado de 11 de setembro e percebi que, nos próximos 10 ou 20 anos, não haverá muito vento em popa. Ele será um mercado mais global, impulsionado mais pela inovação, e as empresas que conseguirem gerar seu próprio crescimento terão vantagem. Temos que mudar a empresa – a fim de se tornar mais impulsionada pela inovação – para podermos lidar com esse novo ambiente. É a melhor coisa para os investidores. A produtividade ainda é muito importante, mas se você examinar os negócios da GE na última década, aqueles que foram gerenciados tanto para a produtividade quanto para o crescimento se saíram melhor.

Para você, crescimento significa manter uma taxa média de crescimento da receita de cerca de 8%, o que ninguém jamais tentou. Por que estabelecer esse tipo de meta?

Toda iniciativa necessita de um indicador. Para encontrar o indicador certo, estudamos cerca de 30 empresas. Examinamos a porcentagem das vendas atribuídas aos produtos lançados nos últimos anos e talvez 15 outras coisas como essa. Porém, quando trouxemos esses indicadores para dentro de nossa cultura, eles não se encaixaram. Eles podem funcionar para outras empresas, mas, na GE, as únicas coisas que fazem a cultura avançar são aquelas que aparecem em nossa demonstração do resultado. Fomos criados assim. Nós finalmente criamos o crescimento orgânico da receita como o único indicador de resultado que vai direto para a contabilidade. Acreditamos que podemos crescer duas ou três vezes mais rápido do que o PIB mundial. Conseguimos em 2005 e conseguiremos em 2006. É bom ter metas em uma empresa como a GE.

Como a demonstração de resultado e o balanço patrimonial de uma empresa impulsionada pelo crescimento orgânico diferem dos indicadores financeiros de uma empresa que cresce principalmente por meio da produtividade e das aquisições?
Uma receita maior, é claro – e, em nosso caso, de forma mais global, pois o mercado está mais global. Menores despesas gerais e administrativas como porcentagem das vendas – Eu quero passar de 11% para 8% nos próximos quatro anos. Teremos menos instalações, menos divisões, mais equipes terceirizadas de apoio e mais plataformas e sistemas de TI compartilhados. Cortaremos ao máximo os custos não relacionados ao crescimento. Mas haverá mais despesas de marketing e mais P&D. Também veremos margens maiores, pois teremos um melhor fluxo de novos produtos e, o mais importante, de serviços.

Algo que não mudará é nossa produtividade de capital. Filosoficamente, seja nos anos de produtividade, seja hoje em dia, gostamos de negócios como motores de aeronaves, em que provavelmente temos $16 bilhões de receita, mas as despesas de capital são de $400 milhões. Uma produtividade de capital como essa gera muito caixa.

Seu primeiro grande feito quando se tornou CEO foi investir $1 bilhão em P&D. Isso foi uma aposta de crescimento um tanto espetacular.
Eu me fundamentei em produtos, inovação e tecnologia, pois, assim, poderia me apoiar na infra-estrutura existente que já era respeitável, mas precisava sair da base. Era uma área em que mesmo as pequenas coisas poderiam causar impacto imediato. Investimos mais de $100 milhões na renovação de nosso centro de pesquisas no norte do estado de Nova York. Já havíamos

criado um centro tecnológico na Índia, mas adicionamos novos centros na China e na Alemanha, e fiz os próprios negócios gastarem mais em P&D, e começamos a obter um fluxo de tecnologia.

Qual é o argumento para as aquisições que você começou a fazer em 2003? Como elas se encaixam no objetivo de crescimento orgânico?

Trabalhamos arduamente em nosso portfolio, pois não tínhamos recursos suficientes. Vimos onde precisávamos chegar e que isso não seria possível com os negócios existentes. Assim, compramos agências de segurança nacional, biotecnologia e água – negócios que nos dariam uma base forte para a inovação.

Por volta do mesmo período, mobilizamos nossa força de vendas e nomeamos Beth Comstock como CMO para melhorar nossa atuação em marketing. Até o final de 2003, reunimos a melhor equipe de vendas e marketing da empresa e formamos o Conselho Comercial, que eu presido. Isso acabou se tornando algo muito importante. O conselho foi concebido para compartilhar as melhores práticas e planejar programas de crescimento, mas, fundamentalmente, começou a desenvolver essa idéia de crescimento como um processo.

Por que era tão importante? Por que o crescimento orgânico deveria ser considerado um desafio de processo?

Se você conduzir uma grande empresa de múltiplos negócios como a GE e estiver tentando liderar uma transformação, esse objetivo deve estar relacionado a fazer ajustes em todos os negócios – e isso deve ser mantido ao longo do tempo. Por isso, é preciso ter um processo. Isso é válido em um ponto de vista interno, mas também é a única maneira de ser pago no mercado. Os investidores precisam ver que isso é reproduzível.

Eu sabia que se definisse um processo e estabelecesse os indicadores corretos, essa empresa poderia andar a 200km por hora na direção certa. No entanto, levou tempo para entender o crescimento como um processo. Se eu tivesse desenvolvido o diagrama circular em 2001, teria começado com ele. (Veja o quadro "Execução para o crescimento: um processo de seis partes".) Mas, na verdade, você consegue essas coisas ao dedicar-se a elas por um tempo. Realizamos algumas etapas em 2003, mas foram necessários outros dois anos para completar o processo. Jack foi um grande professor nesse aspecto. Eu o via se envolver em algo como o Six Sigma, em que os dois primeiros anos são, sem dúvida, os mais difíceis. As pessoas costumavam dizer: "Meu Deus, o que é isso?" Mesmo assim, ele não desistiria. Ele obteria idéias diferentes de compartilhamento de negócios e tudo se consolidava no final. Ele era um grande condutor de iniciativas.

O que faz você pensar que não continuará a moldar e remodelar o processo?

Chega um ponto em que você tem que dizer: "Tudo bem, esse é o quadro." As organizações toleram a repetição, mas não a repetição *permanente*. Tenho uma boa intuição sobre quando estou progredindo com a empresa e quando estou frustrando as pessoas. Se eu estiver em um Curso de Desenvolvimento de Gerentes, por exemplo, ao fazer perguntas e respostas com os empregados, posso me levantar e começar a desenhar o gráfico de crescimento como um processo. Enquanto faço isso, pergunto: "Pessoal, vocês estão entendendo?" Seus olhares podem dizer "Sim, entendemos" ou "Não apenas entendemos como não queremos que você desenhe outro círculo. Vamos deixar assim".

Execução para o crescimento: um processo de seis partes

Os líderes da General Electric utilizam internamente este diagrama para explicar como as iniciativas específicas se encaixam em um processo de crescimento mais abrangente.

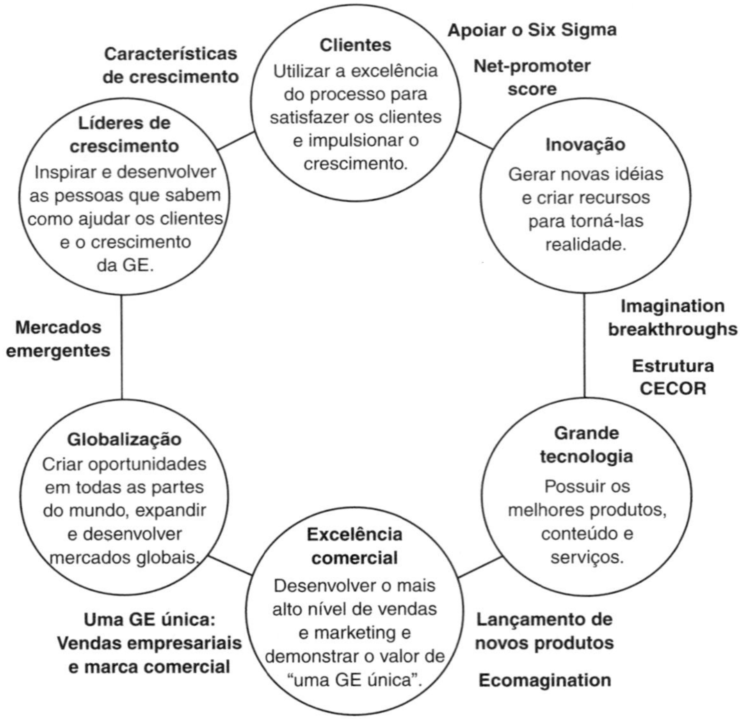

Assim, esse é o processo que criamos. Você pode tirar cada elemento e examinar seus componentes e, quando você os coloca de volta, eles reforçam uns aos outros. Se você for um líder na GE, enfrentará esses elementos várias vezes ao ano. Cada um deles possui indicadores e, a cada ano, você deverá aumentar ainda mais esses valores. Não há como escapar.

O diagrama é um círculo – não há um ponto inicial e um ponto final bem definidos. Mas ao apresentá-lo, você tende a começar com "grande tecnologia", que, em alguns de seus negócios, significa liderança satisfeita.

Começo instintivamente. Não estou certo de possuir uma razão científica, mas isso pode ter origem em minha experiência com eletrodomésticos – trabalhei lá por três anos, no final da década de 1980 – e, pelo que observei na área médica, a verdade é que você pode ser Six Sigma, pode realizar um ótimo fornecimento, pode ser bem-sucedido na China e pode fazer todo o resto muito bem – mas, se não tiver um bom produto, não venderá muito. Isso se aplica a turbinas; isso se aplica a televisores; isso se aplica aos serviços financeiros. Eu disse aos altos executivos de nossa empresa em Boca: "Se vocês puderem fazer apenas uma coisa bem-feita, esta deve ser: certifique-se de que o fluxo seja sempre constante." A primeira pergunta que faço em uma análise de negócio ou em uma sessão de estratégia de crescimento [planejamento estratégico] é como estamos em relação a nossos concorrentes em termos de produto, de acordo com os desejos e necessidades do cliente. Eu me certifico de investir em liderança. Perdemos negócios onde o investimento em liderança não obteve bons resultados. Motores é um exemplo. Não conseguimos ver uma maneira de obter um bom retorno mesmo inves tindo em liderança e, por isso, vendemos esse negócio. De forma semelhante, tínhamos um negócio de investimento em private equity. Fechamos porque não existia excelência de produto. Éramos apenas uma carteira.

Outro elemento no processo de crescimento é a "excelência comercial" – posicionar uma grande liderança de vendas e marketing, dar brilho à marca e assim por diante.

Se pudermos criar uma função de vendas e marketing que seja tão boa quanto a de finanças na GE, mudarei essa empresa. Em um mundo com deflação, você pode obter margem trabalhando com a produtividade; agora, você precisa de marketing para obter um preço. Antes de lançarmos essa iniciativa de crescimento, o marketing era o refúgio do pessoal de vendas derrotado. Eles eram criadores de gráficos. Eu me refiro ao marketing como uma função alinhada novamente. Contratamos, literalmente, milhares de profissionais de marketing. Para os melhores deles, criamos o Experienced Commercial Leadership Program, um tipo de curso intensivo que há muito tempo oferecemos em auditoria e finanças. São 200 pessoas por ano, todos os anos. Também ressuscitamos o Advanced Marketing Management Seminar, em Crotonville, para os executivos seniores. Colocamos A.G. Lafley [da Procter & Gamble] no Conselho de Administração. Estamos aprendendo desde que adquirimos a Amersham no setor de cuidados com a saúde, pois é bem mais parecido com a indústria farmacêutica do que com nosso negócio e depende totalmente do marketing. Mas serão 10 anos até conduzir essas mudanças. Você não diz simplesmente: "Sou uma empresa de marketing" e se torna uma empresa de marketing.

Anos atrás, eu estava andando pelo saguão de um hotel e vi um sujeito com uma caneca com os dizeres "Orçamentos são para os fracos". Quando fiz um comentário a respeito, ele disse que seu chefe havia oferecido uma caneca a cada um em sua reunião. Perguntei, "Vocês são de marketing?", e ele respondeu: "Como você adivinhou?"

Sempre me preocupei com as desistências. Como assegurar que as pessoas não digam "Jeff não se importa com a produtividade"? Penso muito sobre como promover um novo programa de liderança comercial e assegurar ao pessoal de auditoria que ainda gosto deles. Digo: "Vocês podem imaginar como essa empresa seria fantástica se os vendedores fossem tão bons quanto vocês?" Estamos treinando melhor a equipe de vendas e equipando-a com melhores ferramentas e indicadores de desempenho. Um bom exemplo é o que fazemos para criar disciplina em relação à precificação. Não muito tempo atrás, Dave McCalpin fez uma análise dos preços de nossos eletrodomésticos e descobriu que cerca de $5 bilhões deles são arbitrários. Considerando todas as decisões que os representantes de vendas podem tomar por conta própria, isso é o quanto está em jogo. Esse é o valor mais espantoso que jamais vi – e isso é apenas nos eletrodomésticos. Ao extrapolar para todo o negócio, pode haver mais de $50 bilhões que poucas pessoas estão acompanhando ou pelos quais são responsáveis. Nós nunca permitiríamos algo assim em termos de custos. Em se tratando dos preços que pagamos, nós os estudamos, nós os mapeamos, nós os definimos. Mas com os preços que cobramos, somos muito desleixados.

Com melhores recursos em vendas e marketing, você pode começar a ligar os fatos em toda a empresa. Essa não é a idéia por trás de seu esforço para aumentar as vendas empresariais, em que um vendedor pode representar toda a variedade de ofertas da empresa a um cliente?

Sempre realizamos vendas empresariais de forma assistemática, mas queremos ir além das convenientes oportunidades de vendas cruzadas e pensar de forma mais sistemática sobre os tipos de clientes que podem se beneficiar com nosso amplo portfolio. Se alguém estiver construindo um hospital, isso pode representar um pacote total de $1 bilhão, do qual o potencial de mercado da GE pode ser de $100 milhões. Provavelmente já estaríamos conversando com a alta administração, pois vendemos os equipamentos médicos. O que precisamos fazer é preparar as coisas para que o representante de vendas da área médica possa trazer o representante de vendas de iluminação, de turbinas e assim por diante. O foco é nos quatro ou cinco setores verticais e alguns grandes eventos como as Olimpíadas. As vendas empresariais representam apenas cerca de 10% das vendas da empresa. Mas nossa participação de mercado é provavelmente duas vezes maior quando podemos combinar as coisas dessa forma.

Muitas empresas estão buscando as vendas empresariais e parece que cometem o erro comum de tentar fazer isso em muitas empresas. Como você aprendeu a traçar um limite?

Aprendi errando. Tony Ecock, de nosso negócio de cuidados com a saúde, no qual trabalha há dois anos e meio, fez uma apresentação em Boca exatamente sobre esse tópico. O valor total de nossos contratos de vendas empresariais de 2004 e 2005 foi de $2,3 bilhões em cuidados de saúde. Nosso erro foi pegar clientes demais. A solução foi uma melhor segmentação. A propósito, a análise de Tony agora está sendo compartilhada por meio do Conselho Comercial e, assim, podemos fazer a mesma coisa com a energia e outros setores verticais.

As vendas empresariais tomam outras dimensões fora do país. Quando vou à China, encontro meu contato na National Development and Reform Commission, órgão responsável por energia, transportes e assistência social da China. Ele costuma pegar um livrinho e folhear as páginas, dizendo: "Em energia seus preços estão um pouco altos; a Siemens tem a melhor oferta. Seria melhor corrigir isso. No programa ferroviário, vocês parecem muito bem. Em cuidados de saúde, vocês tiveram um bom ano..." Ele liga os pontos para nós. Em Catar, o emir quer conhecer todos que estão fazendo negócios em seu país. Em um jantar para discutir os preços de petróleo e gás, ele diria: "Jeff, vou investir $10 bilhões em um hospital", ou poderia mencionar que comprará motores GE para a Qatar Airways. A Índia, por outro lado, é muito comercial e, por isso, não há acordos entre as empresas e o país. Você terá que bater em muitas portas diferentes. A Mahindra & Mahindra pode comprar diferente da Tata e a Reliante Energy, por ser uma empresa de capital aberto, comprará de forma distinta de uma empresa de serviços públicos.

Como uma campanha de alta visibilidade para vários negócios como a "ecomagination" se encaixa na idéia de excelência comercial?

A "ecomagination" é uma campanha de marketing integrado, ligando os pontos do ponto de vista de marketing da mesma forma como as vendas empresariais ligam os fatos do ponto de vista das vendas. A meta era fortalecer a empresa ao escolher um tema mais abrangente que apenas energia, ferrovias, motores de aeronaves ou plásticos. Nunca fizemos nada parecido, mas, em 2004, descobrimos em nosso processo de planejamento estratégico, o S-1, que havia um grande tema surgindo em cinco negócios diferentes – um verdadeiro foco na redução de emissões, eficiência de energia, fornecimento de água e o que eu chamaria genericamente de economia da escassez.

A própria economia o levou a analisar a demanda pelo crescimento orgânico. Você tenta tirar vantagem da desvantagem.

Exatamente. Assim, ligamos o insumo do S-1 ao Conselho Comercial, que estudou o assunto por nove meses. Conversamos com pessoas de ONGs, instituições governamentais e outras organizações relevantes. Reunimos muitos ativos, incluindo nosso conhecimento de políticas públicas e como estas são influenciadas. Uma vez que fizemos nosso dever de casa, lançamos a ecomagination com 17 produtos que poderíamos indicar. Como sempre, fomos impulsionados pelos indicadores. Dissemos que nossos $10 bilhões de receita dos produtos que exploraram fontes de energia renovável como o sol e o vento deveriam chegar a $20 bilhões em cinco anos. Os $750 milhões que estávamos gastando em P&D de tecnologias limpas tiveram que ser aumentados para US$1,5 bilhão. Nossa própria emissão de gases de efeito estufa teria que ser reduzida para 1% até 2012.

Houve alguma reação negativa de seus clientes, alguns dos quais, imagino, prefeririam manter o hábito de queimar carbono?

Há muitas pessoas em nossa equipe de energia que odiavam isso no começo, pois metade dos clientes dizia odiar. Não se importavam com o fato de metade dos clientes adorar. Apenas continuamos falando: "Estamos seguindo um caminho. Veja por que achamos que isso será bom para ambos, e isso vai acontecer de qualquer jeito, então, vamos nos adiantar." Organizamos o que chamamos de sessão de sonhos no verão de 2004 com as 30 maiores empresas de serviços públicos. Alguns dos maiores nomes do setor – CEOs como Jim Rogers e David Rutledge – vieram a Crotonville e ouviram Jeff Sachs de Columbia falar sobre o aquecimento global. Havia outros oradores que foram muito convincentes em diferentes tópicos e palestras. Sugeri a idéia de fazer algo sobre as políticas públicas e os gases de efeito estufa e tivemos um bom debate.

Em parte, a ecomagination ajudou a mostrar à organização que poderíamos fazer essas coisas. A empresa foi ótima em termos de práticas gerenciais, mas foi relutante no que eu chamaria de inovação nos negócios. A ecomagination foi uma maneira de mostrar à organização que é bom se arriscar e até mesmo deixar os clientes um pouco desconfortáveis.

Falaremos sobre a globalização, outra parte do processo de crescimento. Espantei-me com algo que ouvi de seus executivos – que o desenvolvimento de um produto para a Malásia ou Índia não acontece por meio da "descaracterização". A melhor solução não é um produto norte-americano simplificado para satisfazer os preços da Índia, mas um produto verdadeiramente indiano projetado desde o início para o preço indiano.

É uma grande mudança de direção e conversamos muito sobre isso – mas, para ser franco, ainda é principalmente aspiração. Este ano, reunimos uma equipe de 25 pessoas de todas as partes da empresa para determinar o que seria necessário para transformar uma mentalidade de descaracterização em uma voltada para a otimização ao cliente. Quando realizarmos nossa sessão de estratégia de crescimento (nosso antigo processo S-1) neste verão, isso será um tópico importante. Assim, quando Dave Calhoun, por exemplo, começar a falar sobre a infra-estrutura do negócio, dirá: "É isso o que tenho que fazer na infra-estrutura para obter maior interação entre os mercados em desenvolvimento." Talvez para os motores de aeronaves isso não seja muito, mas para energia ou água isso será algo importante. Estamos colocando 50 pessoas na Índia para ajudar no "carro de 1 lakh" [um veículo que custará ao cliente 100 mil rúpias, aproximadamente $2.250] pelo qual Ratan Tata é responsável. A premissa é que ele será feito de plástico, e isso pode significar muito para nosso negócio de plásticos. Esse pode ser meu assunto do momento. Não podemos desenvolver equipamentos de tomografia computadorizada em Milwaukee para a China; temos que desenvolvê-los na China.

E se o cliente chinês for diferente do cliente indiano, diferente do cliente norte-americano...

Tudo bem.

O que torna o desenvolvimento local do produto tão difícil? Ou, visto por outro ângulo, quais são os componentes da solução, em sua opinião?

Existem pelo menos três partes. As pessoas são diferentes. O financiamento é feito de forma diferente – tirar dinheiro dos Estados Unidos e da Europa Ocidental e permitir que as pessoas gastem em suas próprias regiões para que eles possam realmente otimizá-lo, e é apenas uma questão de ser melhor na produção adaptável e de baixo custo. Assim, como resultado desse estudo, tomaremos algumas decisões sobre as pessoas e para onde elas irão, mudaremos alguns financiamentos e, então, como parte de nossa estratégia de crescimento, iremos propor 10 produtos para os mercados emergentes. Queremos fazer um aparelho de imagem por ressonância magnética de $500 mil que estará um degrau acima de tudo que já fizemos. Também queremos um aparelho de dessalinização capaz de abastecer um vilarejo. Neste momento, se a Argélia, por exemplo, investir $2 bilhões na usina de dessalinização mais moderna do mundo, já estaremos preparados. O que não temos é um sistema municipal de abastecimento de água que pode ser implantado rapidamente. Os investidores que não conhecem a realidade dos países em desenvolvimento vêem esse tipo de pensamento e dizem: "Meu Deus, isso é arriscado." Eu digo: "Se você quiser ver algo arriscado, tente vender uma lâmpada para um megavarejista. Acho que podemos obter uma margem de contribuição de 45% a 50% sobre um produto como esse se ele for projetado e produzido lá e se jamais for tocado por alguém em Milwaukee ou em algum lugar remoto como este. É necessário alavancar a tecnologia global, mas é preciso que seja no mercado e do mercado.

A GE vem globalizando agressivamente sua base de talentos, mas é como se você estivesse procurando algo mais do que uma equipe diversificada. Você quer que todos saibam que qualquer garoto ou garota de qualquer parte do mundo poderia chegar à posição que você ocupa – e que o desenvolvimento de uma carreira pode começar em qualquer ponto na GE.

É exatamente o que queremos ver. É por isso que nos concentramos na equipe de auditoria, diretamente no coração da empresa. Existem cerca de 400 jovens na equipe de auditoria e talvez 60 sejam indianos. Nosso CFO, Keith Sherin, disse que, no próximo ano, teremos 185 participantes no FMP na Ásia (FMP é o programa de administração financeira de dois anos para impulsionar as carreiras administrativas da GE). Eventualmente, esse grupo se reduzirá para cerca de 60 pessoas, que poderemos colocar na equipe de auditoria. Da mesma forma, não podemos realizar a mudança em um estalar de dedos, mas em um período de quatro anos podemos aumentar o desempenho de forma substancial.

Enquanto isso, você identificou um novo conjunto de características de crescimento para todos os líderes da GE. Existem muitas características excelentes nessa organização que eu jamais gostaria de perder. As pessoas são amigáveis, competitivas e esforçadas. O que sempre adorei na GE é o fato de ser uma empresa de trabalhadores. Mas sabíamos que não seríamos orientados ao crescimento sem alguma mudança em nosso DNA. Assim, avaliamos e comparamos 15 empresas que exibiram, em uma década, um crescimento orgânico de três vezes os PIB – Dell e Toyota, por exemplo, e alguns de nossos próprios negócios, como financiamento do consumidor. Examinamos quem eram as pessoas e o que elas fizeram. No final de 2004, chegamos a cinco características de crescimento. A primeira é o foco externo. Depois vem a imaginação e a criatividade, e um líder de crescimento deve ser especialmente decidido e capaz de pensar claramente. A abrangência também é vital. Finalmente, os líderes nessas empresas de rápido crescimento tendem a possuir um conhecimento altamente especializado.

Produzimos uma ferramenta que utilizaremos como parte da Session C, nossa análise de RH anual. Ela é uma matriz que contém as cinco características de crescimento e seus componentes. Você é avaliado como verde, amarelo ou vermelho em cada uma. Todos devem ter um vermelho, pois a questão não é reconhecer os melhores e os piores – é dizer que todos precisam trabalhar em algo. Isso guiará os planos de desenvolvimento para as 5 mil melhores pessoas na empresa este ano.

O que é o vermelho para você? Qual aspecto você acha que deveria ser mais trabalhado?
A determinação. Na minha posição na empresa, ela é claramente o que mais influencia no desempenho. Uma das coisas que aprendi pela experiência é que você pode conduzir uma empresa de produtividade sem ter que tomar muitas decisões. Você pode estabelecer seus custos básicos ao reduzir o pessoal em 10% e se manter bem por um bom tempo dessa forma. Mas você não pode conduzir uma empresa de crescimento ao reduzir o pessoal em 10% – ou aumentar em 10%. É preciso tomar medidas de alto nível e isso requer decisões claras.

Como você transforma essas características na máquina que produz os talentos necessários?
O que obtivermos da Session C deste ano será o diagnóstico. Poderemos ver que o negócio de financiamento do consumidor está todo vermelho em uma área e todo verde em outra. Então, decidiremos como seu treinamento deve mudar e assim por diante. Esse é o ponto forte do modelo da GE. Pense bem. Possuo todos os meios para a correção. Posso mandar as pessoas defasadas para a escola e tenho a equipe de auditoria para certificar que eles irão para escola.

O foco no crescimento orgânico também exige que as pessoas se mantenham no mesmo emprego por mais tempo. Você não pode plantar uma árvore e vê-la crescer em um ano. Isso vai de encontro à cultura de uma organização em que fazer uma carreira sempre significou mudar de emprego a cada 18 meses. No futuro, você ainda terá alguns empregos de 18 meses, mas, durante o curso de 30 anos, você terá mais empregos que duram cinco anos.

Além de uma vida mais sadia, qual é o benefício de manter as pessoas mais tempo em uma posição?
Um conhecimento mais especializado. Ao derrubar os mitos de nossa empresa, algo que às vezes tenho que fazer, você verá que

as partes mais bem-sucedidas da GE são os lugares onde os líderes permaneceram por mais tempo. Veja a longa gestão de Brian Rowe na área de motores de aeronaves. As quatro ou cinco grandes decisões que ele tomou – baseadas em seu profundo conhecimento do negócio – nos proporcionaram cerca de 50 anos de liderança no setor. O mesmo se aplica à GE Capital. Você perceberá que fracassamos nos setores em que mudamos as pessoas, como o resseguro.

Ao mesmo tempo em que encoraja seu pessoal a se tornar mais focado externamente, você também está falando sobre externalizar a famosa excelência nos processos internos da GE. Você pode explicar essa parte do processo de crescimento?

Essa foi uma idéia que teve início na análise da Toyota. As pessoas nos mostraram que a Toyota é uma empresa com forte orientação ao processo e que a razão para isso é encantar os clientes e aniquilar os concorrentes. Ora, a GE certamente é uma empresa orientada ao processo, mas eu diria que se você entrevistasse os empregados da GE e perguntasse por que fizemos o Six Sigma, não obteria resposta. Decidimos que, de alguma forma, teríamos que incorporar alguns de nossos processos no modo como vencemos a concorrência e no modo como encantamos os clientes.

Começamos com duas coisas. Primeiramente, tornar os processos mais enxutos. Percebemos que a idéia de reduzir a duração do ciclo e o desperdício se encaixava muito bem nos desafios de interagir com os clientes. Aplicamos isso em coisas como a redução do tempo necessário para instalar um aparelho de MRI. Isso costumava levar 65 dias. Agora leva 15.

Em segundo lugar, criamos uma oferta chamada "no cliente, para o cliente", que envolve a execução de projetos Six Sigma nas operações dos clientes da GE para ajudá-los a serem mais bem-sucedidos. Estamos fazendo isso, por exemplo, com uma grande empresa de sistemas de saúde em que estamos incorporando dezenas de pessoas – que chamamos de "soluções de desempenho" – que treinarão os empregados da empresa sobre o Six Sigma e trabalharão com eles para aplicá-lo no processo de faturamento, pronto-socorro e qualquer uma das seis áreas que a empresa escolher.

Agora você está utilizando alguns dos novos indicadores para medir o sucesso com os clientes.

Quando conduzimos nossos cursos de gerenciamento empresarial, pedimos às pessoas que resolvam os problemas reais que estamos tentamos solucionar. Em 2004, enviamos uma turma para estudar as empresas com a reputação de serem as melhores. Uma das coisas que o grupo descobriu é que é necessário possuir um indicador de satisfação do cliente e que isso é ainda mais importante na GE, já que nada acontece na empresa sem um indicador de output.

Nossa primeira reação, em 2005, foi fazer cada negócio adotar um indicador operacional e um social para a satisfação do cliente. O indicador social de que mais gostamos foi aquele de Fred Reichheld que você publicou – o *net-promoter score*, ou seja, a porcentagem de pessoas que recomendaria a GE a um amigo, menos aqueles que não o fariam. (Veja "The One Number You Need to Grow", HBR, dezembro de 2003). Assim, padronizamos isso em todos os negócios. A aviação, por exemplo, tem um *net-promoter score* e um indicador operacional que faz mais sentido para esse negócio: o *time on wing* (tempo na asa). É bom ter pelo menos um critério de avaliação para toda a empresa, pois, assim, podemos espalhar o conhecimento.

Isso nos leva ao quadro referente aos "imagination breakthroughs". Isso parece ser uma maneira de injetar energia no sistema.

Se você quiser crescer, é preciso se certificar de que existam projetos difíceis sendo realizados e se concentrar neles. Criamos os *imagination breakthroughs* para escolher algumas idéias que achamos muito difíceis ou muito importantes e que poderiam gerar $100 milhões em novas vendas no horizonte de três anos. Os *imagination breakthroughs* são uma classe de idéias protegidas – a salvo dos cortes orçamentários, pois abençoei cada uma delas. Eles ajudam a tornar o crescimento orgânico real para a empresa e para Wall Street. Até este momento, existem cerca de 100 deles. A metade envolve novos produtos e a outra metade envolve mudanças na estrutura comercial. Eventualmente, gostaria de ver o conceito se transformar e se espalhar pela organização e, assim, teremos mil *imagination breakthroughs* e o foco será menor nesses grandes elefantes e maior na criatividade em todos os negócios.

Um exemplo de um projeto de *imagination breakthrough* é a locomotiva híbrida, que possui um gerente de projetos escolhido por mim, está financiada e todas as melhores práticas que conhecemos na empresa serão aplicadas a ela. Examinarei o projeto em termos de situação e assegurarei que o que foi aprendido será disseminado. O que estamos tentando fazer com o *imagination breakthrough* é assumir risco, utilizando meu ponto de vista.

Você quer dizer que o ponto de vista do CEO em relação a um projeto seria diferente, por exemplo, do ponto de vista do diretor de uma unidade de negócios? Por quê?

Tenho o maior perfil de risco e horizonte de tempo mais amplo da empresa. Assim, ao examinar a evolução da locomotiva híbrida, estamos falando de dezenas de milhões de dólares. Para o gerente de projetos isso é algo enorme, a maior que ele jamais gerenciou. Para John Dineen, que administra o negócio ferroviário, é algo bem grande. Para mim, isso é razoável. Podemos fazer. O gerente de projetos quer concluir amanhã. John Dineen diz: "Meu Deus, posso ficar nesse emprego por quatro ou cinco anos." Mas eu provavelmente estarei aqui por muito mais tempo. Verei a locomotiva híbrida – tenho certeza absoluta. Assim eu posso aplicar o equilíbrio correto entre o alto risco e o horizonte de tempo.

Analiso cerca de oito *imagination breakthroughs* todos os meses e tenho todos os oito gerentes de projetos sentados à mesa de reunião. Atrás de cada um deles está um verdadeiro quadro sobre aquilo com que a pessoa está trabalhando – uma usina de dessalinização ou um novo refrigerador Monogram ou um motor GE – para ajudar na autenticidade. Eu não quero ver longas apresentações de PowerPoint. Eu apenas tenho um pequeno perfil de cada projeto à minha frente e quero que os gerentes de projeto falem comigo. Pergunto: "Qual é a maior barreira interna?" Qual é a maior barreira externa? Vocês estão dentro do prazo? Qual é o fluxo de receita?"

Outro dia, havia três pessoas de serviços financeiros, uma de cuidados de saúde, uma de ferrovias e algumas envolvidas nos canais de distribuição. Uma pessoa estava fazendo uma apresentação sobre aplicações de cartão de crédito na internet."Meu maior obstáculo", ela disse, "é não ter o tipo certo de ferramenta de busca de TI que possa realizar todas as minhas aprovações de crédito e, por isso, estou utilizando *sneakerware*.* Isso está prejudicando meu crescimento." Então perguntei à equipe: "O que será necessário para possuirmos os mesmos recursos do Citigroup ou da American Express?" E tivemos um verdadeiro debate sobre como isso seria feito.

Em uma reunião no ano passado, ao analisar os produtos de valor para os cuidados de saúde com Joe Hogan, que gerencia o negócio, adicionamos $20 milhões em financiamento e passamos para a China a responsabilidade pelos produtos de valor das linhas de produto. Foi assim que removemos uma barreira interna: a matriz estava trabalhando nisso. No ano seguinte, as vendas

---

**Nota do Tradutor*: Termo utilizado para descrever um método de transferência de dados que não é feito eletronicamente. Em outras palavras, é preciso andar com os dados de um lugar para o outro.

passaram de $60 milhões para $260 milhões. Em uma reunião recente sobre esses mesmos produtos, conversamos mais sobre uma barreira externa: como poderíamos projetar *knockdown kits** para que pudéssemos planejar a coisa e fazer um kit na Índia, mas que fosse montado na China, e evitar as tarifas e impostos. Essas são as discussões.

Isso parece ser uma experiência intensa para o gerente de projetos.

Uma das coisas que esse processo nos ensinou é que não temos muitos gerentes de produto sofisticados e grandes engenheiros de sistemas para serem responsáveis por projetos de alta visibilidade como esse. Se houver um projeto de investimento de $100 milhões, podemos ter 30 entre as 310 mil pessoas na empresa que realmente sabem como gastar essa quantidade de dinheiro de maneira eficaz. Isso provavelmente não é o suficiente, pois representa uma fraqueza organizacional, e, na Session C deste ano, iremos nos concentrar no desenvolvimento dessa competência.

O papel do* imagination breakthrough *no processo de crescimento parecia ser a maior oposição à cultura de produtividade dominante quando você entrou na empresa. Como você se certifica de que as pessoas entendam isso?

Sou um tradutor. Todo CEO tem que ser. Quando uma fábrica de idéias como a IDEO nos fala sobre inovação, é minha obrigação traduzir o que eles dizem para a GE. Isso significa me expressar em termos de processo e indicadores.

**Nota do Tradutor*: Conjuntos de partes para a montagem de um produto.

Consideremos a idéia da IDEO sobre a prototipagem rápida. Eles dizem: "Tenha uma mente de iniciante" e "faça um protótipo em um dia". Traduza isso para a GE.

Isso é uma atenuação do risco para os *imagination breakthroughs*. É sério. O que estou dizendo é: não considere isso um brainstorm; considere-o uma maneira de medir o risco, entender a porcentagem de fracassos e entender o pensamento do consumir para podermos processar mais idéias sem aumentar o risco total.

O relatório anual de 2004 da GE inspirava confiança. Você o intitulou – e, por extensão, nomeou a era atual – de "Nossos tempos". O que você estava sinalizando?

Apenas aquilo que eu me lembro do dia-a-dia – que, para alcançar esse tipo de crescimento, todos devem considerar a missão como algo pessoal. Se quisermos, podemos nos disfarçar sob o mito do gerente profissional e esconder todos os problemas em um fluxograma de processos. Mas se eu quiser que as pessoas assumam mais riscos, solucionem problemas maiores e façam o negócio crescer como nunca foi feito antes, tenho que levar pelo lado pessoal. Assim, eu digo às pessoas: "Comece sua carreira amanhã. Se seu ano for ruim, aprenda com ele e faça melhor. Se seu ano for bom, já me esqueci do passado."

Esse não é o lugar para pessoas insignificantes. O trabalho na GE é a arte de pensar e agir ambiciosamente; nossos gerentes têm que trabalhar de forma interdepartamental, inter-regional e interempresarial, e temos que trabalhar nas grandes metas. *Podemos* solucionar os cuidados de saúde. Gosto de lembrar às pessoas: se nós falharmos aqui – bem, o que acontecerá? Você sairá e conseguirá um emprego melhor em outro lugar. Mas se você vencer aqui, qual será a recompensa? Você estará na vanguarda da história, criando o futuro.

Ferramentas de produtividade

QUANDO JEFF IMMELT SE TORNOU CHAIRMAN e CEO da GE em 2001, a organização já possuía poderosas ferramentas para lidar com os problemas do negócio. A maioria de suas principais iniciativas se concentrava no aumento da produtividade.

- ***Compartilhamento das melhores práticas:*** identifica particularmente as abordagens eficazes e as dissemina em todos os negócios da GE
- ***Processo de aceleração de mudanças:*** fornece aos líderes um método comprovado para gerenciar as mudanças e os prepara para serem agentes de mudança bem-sucedidos
- ***Programas de clientes de Crotonville:*** emprega os recursos do renomado treinamento interno da GE para o benefício dos clientes
- ***Plano de desenvolvimento do produto para diversas gerações:*** assegura que os novos produtos não sejam simplesmente otimizados a curto prazo, mas que tenham a capacidade de evoluir com as necessidades dos clientes
- ***Mapeamento de processos:*** cria representações visuais dos processos de negócios para facilitar o entendimento e para simplificar
- ***Rápida inteligência de mercado:*** baseada na inovação do Wal-Mart em utilizar dados em tempo real sobre o comportamento dos clientes e concorrentes e disseminar rapidamente esse conhecimento por toda a organização
- ***Simplificação***: elimina custos irrelevantes incorridos por processos muito complicados e pela proliferação de opções na obtenção de recursos e em outras áreas
- ***Six Sigma:*** emprega os métodos introduzidos pela Motorola para reduzir os níveis de defeito abaixo de 3,4 por milhões de oportunidades; treinamentos intensivos sobre qualidade produzem os "faixas verdes", "faixas pretas" e os "mestres faixas pretas".
- ***Work-Out***: utiliza equipes interfuncionais e reuniões abertas para encontrar maneiras de eliminar o trabalho improdutivo do sistema, como reuniões, relatórios e níveis de aprovação que não agregam valor

Ferramentas de crescimento

UM NOVO CONJUNTO de ferramentas foi adicionado às outras para ajudar a GE a alcançar suas metas de crescimento de faturamento

- ***Estrutura de integração de aquisições:*** define um processo detalhado para assegurar que as entidades adquiridas são assimiladas de maneira eficaz pela GE
- ***No cliente, para o cliente:*** leva as melhores práticas internas, ferramentas gerenciais e programas de treinamento da GE aos clientes que enfrentam seus próprios desafios gerenciais
- ***Estrutura de marketing CECOR:*** conecta a inovação e outros esforços de crescimento às oportunidades de mercado e necessidades dos clientes ao fazer perguntas para calibrar, explorar, criar, organizar e alcançar o crescimento estratégico
- ***Sessão de sonhos do cliente:*** reúne um grupo de pessoas mais influentes e criativas do setor para visualizar seu futuro e provocar o tipo de intercâmbio que pode inspirar novos planos
- ***Avaliações e características de crescimento:*** define e reforça a expectativa de que a nova geração de lideres da GE exibirá cinco pontos fortes: foco externo, pensamento claro, imaginação, abrangência e conhecimento especializado
- ***Imagination Breakthroughs:*** concentra os recursos e a atenção da alta administração nas idéias promissoras para novas fontes de receita que surgem em todas as partes da organização
- ***Innovation Fundamentals:*** fornece aos gerentes quatro exercícios para envolver as pessoas na inovação e prepará-las para transformar as novas idéias em ação
- ***Innovation Labs and Tool Kit:*** apóia as estratégias de negócios, desenvolvimento do produto e outras equipes de projetos multifuncionais com uma variedade de recursos e materiais importantes para os esforços de inovação
- ***Lean Showcases:*** demonstra o poder do pensamento "enxuto" ao permitir que as pessoas vejam como a duração dos ciclos foi reduzida em um processo essencial de negócios voltado para o cliente
- ***Lean Six Sigma:*** coloca os métodos e ferramentas Six Sigma a serviço de uma meta crítica – reduzir a duração dos ciclos nos processos que costumam promover a satisfação do cliente

- ***Net-promoter Score:*** mantém todos os negócios da GE em um novo padrão – eles devem acompanhar e melhorar a porcentagem de clientes que recomendariam a GE. As pontuações são vistas como os principais indicadores de desempenho de crescimento; as equipes aplicam o Lean Six Sigma e outras ferramentas para analisar pontuações e identificar e implementar melhorias.

Publicado originalmente em junho de 2006
Reimpressão R0606C

O sim institucional

Uma entrevista com Jeff Bezos

JULIA KIRBY
THOMAS A. STEWART

Sumário executivo

DESDE SUA FUNDAÇÃO, em 1995, as medidas ousadas da Amazon.com faziam os observadores coçarem a cabeça ou mesmo preverem o fim da empresa. Por que tornar uma plataforma de varejo exclusiva e eficaz disponível para a competição de outros vendedores? Por que tornar ferramentas que a Amazon desenvolveu para o próprio uso disponíveis para outros desenvolvedores de websites? (Por falar nisso, por que divulgar opiniões negativas de seus produtos?) Dois editores da *Harvard Business Review (HBR)* entrevistaram Bezos, fundador e CEO da Amazon, para saber o que é diferente na formulação de estratégias. Eles saíram com a impressão de que a estratégia e a cultura da empresa têm suas raízes em um firme otimismo empreendedor e se apóiam em uma única questão: o que é melhor para o cliente.

Bezos se descreve como "congenitamente focado no cliente". Ele sabe que os compradores da Amazon, um negócio voltado para o cliente, querem opções, preços e entrega rápida – e ele está confiante de que isso não mudará.

"Não consigo imaginar", ele diz, "que daqui a dez anos nossos clientes dirão: 'Adoro a Amazon, mas ela poderia enviar meus produtos um pouco mais devagar.'"

Empresas voltadas para os concorrentes correm o risco de serem complacentes ao se tornar líderes do setor, ele afirma, mas as empresas voltadas para os clientes devem continuar sempre melhorando. "Daqui a alguns anos", Bezos diz, "quando as pessoas se lembrarem da Amazon, quero que elas digam que nós remodelamos o foco no cliente em todo o mundo corporativo."

Se a Amazon tivesse cometido erros estratégicos, ele diz, seriam erros de omissão. Assim, quando algo parece uma oportunidade, Bezos faz a pergunta: "Por que não?", o que o leva a maximizar o número de pesquisas experimentais por toda a empresa: "As pessoas dizem, 'Vamos fazer isso. Descobriremos uma maneira'." Esse é o sim institucional.

A Amazon.com nasceu de uma estratégia. É famosa a história de como seu fundador, Jeff Bezon, trabalhando em um grupo de análise quantitativa em uma empresa de investimento, percebeu uma oportunidade de vender livros pela internet. Sem conhecer o setor de venda de livros, ele chegou a seu modelo de negócios de forma lógica: considerando os atributos do produto e a estrutura da cadeia de suprimento, um varejista virtual poderia claramente ter sucesso – grande sucesso. Desde a fundação, em 1995, a Amazon mostra o dom para identificar lacunas e a disposição para ocupá-las e, ao mesmo tempo, trabalha para tornar mais produtivos os espaços que já ocupava. A última manobra ousada é o negócio "voltado para o desenvolvedor": um conjunto de ferramentas que a Amazon desenvolveu para seu próprio uso e que tornou disponível a outros desenvolvedores de sites. Como outras tantas iniciativas da Amazon, essa é baseada na simples lógica – no entanto, é surpreendente. Não é o tipo de coisa que muitas empresas fazem.

Muitas dessas iniciativas tiveram sucesso e a HBR decidiu investigar o que é diferente na formulação de estratégias na Amazon. Como as idéias são consideradas e como os compromissos são assumidos? Isso é resultado de um único ingrediente – Jeff Bezos – ou é uma habilidade institucional? Thomas A. Stewart, editor-chefe da

HBR, e Julia Kirby, editora sênior, encontraram-se com Bezos em duas ocasiões para saber mais. As conversas foram abrangentes e animadas, interrompidas freqüentemente pela famosa risada de Bezos. (Ele diz que sua esposa, MacKenzie, costuma dizer às pessoas: "Se Jeff estiver infeliz, espere cinco minutos.") Eles saíram com a impressão de que a estratégia e a cultura da empresa têm raízes em um firme otimismo empreendedor. Esta é uma apresentação editada das conversas.

Quem está estabelecendo a direção estratégica da Amazon? No início era apenas você, em seu carro, no caminho de Nova York para Seattle, planejando tudo. Você ainda faz todos os planos?

Ah, claro que não. Temos um grupo denominado S Team – S significa "sênior" – que se mantém informado sobre o trabalho da empresa e que investiga as questões de estratégia. O grupo se reúne por cerca de quatro horas todas as terças-feiras. Uma ou duas vezes ao ano, o S Team também se reúne por dois dias, quando as idéias são exploradas. As tarefas são designadas antecipadamente. Muita coisa discutida nessas reuniões não é tão urgente – ainda temos alguns anos e realmente podemos pensar e conversar detalhadamente. Eventualmente, temos que escolher algumas coisas e, se estas forem importantes, apostamos nelas.

O segredo é assegurar que isso aconteça de modo fractal também, e não apenas no topo. O sujeito que comanda o Fulfillment by Amazon, o serviço web que oferecemos para que as pessoas utilizem nossa rede de centros de processamento de pedidos como um grande periférico de computador, assegura que o pensamento estratégico ocorra para esse negócio de forma semelhante. Em escalas diferentes, isso está acontecendo em todas as partes da empresa, e o mais importante é que todos sejam informados pelo ponto de vista cultural. Existe uma grande citação de Alan Kay: "A perspectiva vale 80 pontos de QI." Algumas de nossas habilidades estratégicas derivam dessa idéia.

Como você descreveria esse ponto de vista cultural?
Primeiramente, estamos dispostos a plantar a semente e esperar muito tempo até que se transforme em uma árvore. Tenho muito orgulho desse aspecto de nossa cultura, pois acho que é algo um tanto raro. Nem sempre perguntamos a nós mesmos o que acontecerá no próximo trimestre. Focalizamos a visão e fazemos aquelas coisas que tornam difícil uma empresa de capital aberto empregar para a estratégia correta.

Você sabe dizer se uma dessas sementes que está plantando é, digamos, uma semente de carvalho que se tornará um carvalho? Você tem uma visão clara de como as coisas se materializarão ou a forma aparece durante o processo?
Podemos não saber se se transformará em um *carvalho*, mas, pelo menos, sabemos que se transformará em algo grande. Acho que é preciso se certificar em relação às escolhas: "Se conseguirmos fazer funcionar, isso será grande." Uma pergunta importante a fazer é: "Isso será grande o suficiente para ser significativo para a empresa como um todo se formos bem-sucedidos?"

Todos os novos negócios com os quais nos envolvemos foram vistos como distração pelas pessoas externamente e, às vezes, até mesmo internamente. Elas dizem: "Por que você está expandido para além dos produtos de mídia? Por que você está expandindo internacionalmente? Por que você está entrando no negócio de *marketplace* com vendedores terceirizados?" Agora estão perguntando sobre nossa nova infra-estrutura de serviços web: "Por que lidar com esse novo grupo de clientes desenvolvedores?" Essas perguntas são justas. Não há nada de errado com elas, mas todos, no fundo, conhecem uma das razões da grande dificuldade que as empresas em destaque têm para buscar novas iniciativas. É porque mesmo que tivessem um enorme sucesso, elas não causariam impacto significativo na economia da empresa por anos. O que descobri – e isso é uma observação empírica; não vejo razão para que seja o caso, mas costuma ser – é que, quando plantamos a semente, são necessários de cinco a sete anos até obtermos significativo impacto na economia da empresa.

Isso exige que as pessoas, internas e externas, mantenham a fé. Como ter certeza de que o investimento eventualmente trará recompensas?

É bom basear sua estratégia em coisas que não mudarão. Quando converso com as pessoas fora da empresa, surge sempre a pergunta: "O que mudará nos próximos cinco a dez anos?"; mas elas nunca perguntam: "O que *não* mudará nos próximos cinco a dez anos?" Na Amazon, sempre tentamos entender isso, pois realmente é possível gerar potencial a partir daí. Toda a energia investida hoje ainda estará pagando dividendos depois de 10 anos, ao passo que, se você basear sua estratégia principalmente em coisas mais transitórias – quem são seus concorrentes, que tipo de tecnologias estão disponíveis e assim por diante – essas coisas mudarão tão rapidamente que você terá que adaptar sua estratégia muito rapidamente também.

Quais são algumas das coisas que você acredita que não mudarão?

Em nosso negócio, a maioria acaba sendo idéia dos clientes. Veja o que é importante para os clientes em nosso negócio voltado para o cliente. Eles querem opções, preços baixos e entrega rápida. Isso pode ser diferente para cada negócio: existem empresas servindo outros clientes que não valorizariam essas coisas, por exemplo. Mas, depois de descobrir o que isso representa para nossos clientes, não consigo imaginar que daqui a dez anos eles dirão: "Adoro a Amazon, mas ela poderia enviar meus produtos um pouco mais devagar." Daqui a 10 anos, eles não dirão: "Eu realmente adoro a Amazon, mas gostaria que seus preços fossem um pouco mais altos." Assim, sabemos que, quando nos concentramos na redução de defeitos, que reduz a estrutura de custos, que permite preços mais baixos, isso pagará dividendos daqui a dez anos. Se continuarmos a colocar energia no sistema, daqui a dez anos ele produzirá cada vez mais.

Outra coisa que acreditamos ser fundamental é que o mundo está cada vez mais transparente – que a informação está cada vez mais perfeita. Se você acreditar nisso, um alinhamento com o cliente se torna algo estrategicamente inteligente. Você pensa sobre o marketing de forma diferente. Se no mundo antigo você dedicasse 30% de sua atenção à construção de um grande serviço e 70% de sua atenção ao divulgar isso, no novo mundo seria o inverso. Muitas de nossas estratégias surgiram de um ponto de vista muito aguçado sobre coisas como essa, acreditando que elas serão estáveis com o tempo e certificando-se de que nossas atividades estejam alinhadas com elas. É claro que poderá chegar um dia em que essas coisas estejam erradas. Assim, é importante possuir algum tipo de mecanismo para descobrir se você age com base em um princípio profundamente enraizado e errado.

Você tem outros dois tipos de clientes: os terceiros, que vendem produtos por meio de seu site, e esse novo tipo – os desenvolvedores – que podem se beneficiar das ferramentas que você criou ao longo dos anos. Quais são algumas das constantes para esses dois grupos?

Ainda estamos trabalhando na identificação da comunidade de desenvolvedores, embora tenhamos uma boa idéia de quem são. A confiabilidade da plataforma poderia ser uma, o que é um tanto óbvio, mas muitas dessas coisas são óbvias. Elas são óbvias por uma razão: elas realmente são importantes. No caso dos vendedores, a coisa mais importante que eles querem é vender.

É por essa razão que o negócio de leilão não funcionou para a Amazon – porque o eBay já tinha assegurado as vendas que esses vendedores queriam?

Na verdade, não; é um pouco diferente disso. É que nossos clientes, que são compradores, são muito motivados pela praticidade. Nós facilitamos muito a compra. Você perceberá isso se examinar um indicador como nossa receita por clique ou a receita por mudança de página. Ele é muito alto, pois somos pessoas eficientes. Se você for um cliente que deseja esse tipo de serviço rápido, não irá querer esperar até o encerramento do leilão. Um leilão é como participar de um jogo. Envolve um pouco de diversão. Você não está simplesmente tentando realizar um trabalho. É um tipo de coisa diferente e um segmento de clientes diferente.

Esse episódio foi realmente um dos destaques de nossa história corporativa – que sempre conto na empresa, pois é uma história de persistência e implacabilidade. A idéia básica era: veja, temos este website onde vendemos coisas e queremos ter uma vasta seleção. Uma maneira de obter vasta seleção é convidar outros vendedores terceirizados para o site, a fim de que participem a nosso lado, e transformá-lo em uma situação de ganho mútuo. Assim, fizemos os leilões, mas não gostamos dos resultados. Depois, criamos as zShops, que eram vendas a preço fixo, mas que ainda deixavam esses terceirizados em partes separadas da loja. Se um vendedor terceirizado possuísse uma cópia usada de *Harry Potter* para vender, ele teria sua própria página, em vez de ter a oferta listada juntamente com o livro novo. Também não gostamos dos resultados obtidos. Só quando passamos para o modelo de página única por produto foi que nosso negócio com terceiros realmente decolou. Agora, se oferecermos determinada câmera digital e um vendedor tiver uma mesma câmera para vender, ele pode ir diretamente à nossa página, ao lado de nosso produto, e oferecer um preço menor. Se isso ocorrer, ele será colocado no quadro "comprar", que está nessa página.

A trajetória da Amazon

A empresa abriu o negócio na internet em julho de 1995, oferecendo uma seleção de livros sem precedentes e compra 24 horas por dia, todos os dias do ano. Desde então seus ajustes constantes na experiência de compra, adições freqüentes de novas categorias de produtos e iniciativas ousadas periódicas impulsionaram o surpreendente crescimento da receita.

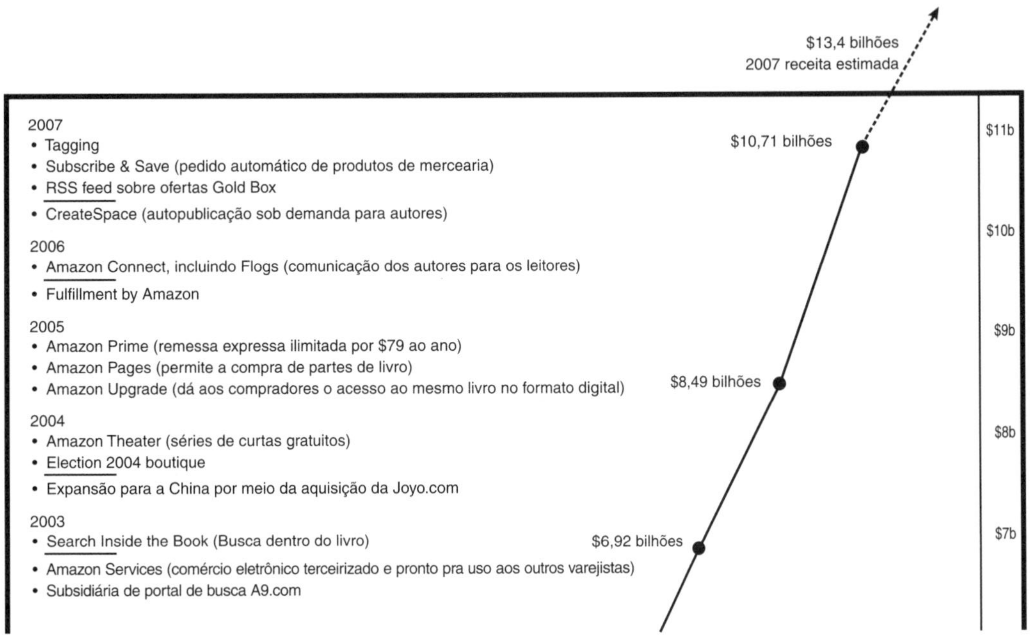

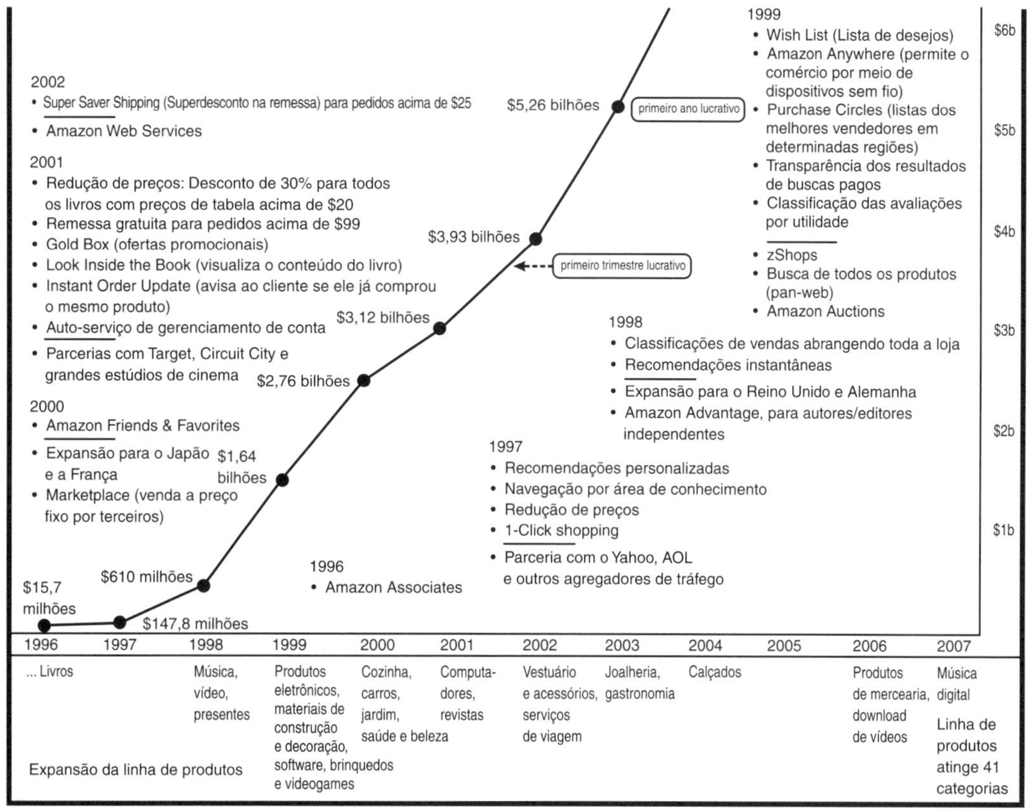
2002
• Super Saver Shipping (Superdesconto na remessa) para pedidos acima de $25
• Amazon Web Services
2001
• Redução de preços: Desconto de 30% para todos os livros com preços de tabela acima de $20
• Remessa gratuita para pedidos acima de $99
• Gold Box (ofertas promocionais)
• Look Inside the Book (visualiza o conteúdo do livro)
• Instant Order Update (avisa ao cliente se ele já comprou o mesmo produto)
• Auto-serviço de gerenciamento de conta
• Parcerias com Target, Circuit City e grandes estúdios de cinema
2000
• Amazon Friends & Favorites
• Expansão para o Japão e a França
• Marketplace (venda a preço fixo por terceiros)
1996
• Amazon Associates
1997
• Recomendações personalizadas
• Navegação por área de conhecimento
• Redução de preços
• 1-Click shopping
• Parceria com o Yahoo, AOL e outros agregadores de tráfego
1998
• Classificações de vendas abrangendo toda a loja
• Recomendações instantâneas
• Expansão para o Reino Unido e Alemanha
• Amazon Advantage, para autores/editores independentes
1999
• Wish List (Lista de desejos)
• Amazon Anywhere (permite o comércio por meio de dispositivos sem fio)
• Purchase Circles (listas dos melhores vendedores em determinadas regiões)
• Transparência dos resultados de buscas pagos
• Classificação das avaliações por utilidade
• zShops
• Busca de todos os produtos (pan-web)
• Amazon Auctions
$15,7 milhões
$147,8 milhões
$610 milhões
$1,64 bilhões
$2,76 bilhões
$3,12 bilhões
$3,93 bilhões
primeiro trimestre lucrativo
$5,26 bilhões
primeiro ano lucrativo
$6b
$5b
$4b
$3b
$2b
$1b
1996
1997
1998
1999
2000
2001
2002
2003
2004
2005
2006
2007
... Livros
Música, vídeo, presentes
Produtos eletrônicos, materiais de construção e decoração, software, brinquedos e videogames
Cozinha, carros, jardim, saúde e beleza
Computadores, revistas
Vestuário e acessórios, serviços de viagem
Joalheria, gastronomia
Calçados
Produtos de mercearia, download de vídeos
Música digital
Linha de produtos atinge 41 categorias
Expansão da linha de produtos

Isso não deve ter sido uma decisão fácil – vocês ganham os clientes vendedores, mas perdem os clientes compradores, não é?

Foi uma decisão que gerou muita controvérsia na empresa. Imagine que você seja nosso comprador de câmeras digitais e que tenha acabado de comprar 10 mil unidades de determinada câmera. Seu chefe lhe diz: "Boas notícias: Sabe todas as pessoas que você considera seus concorrentes? Nós os convidaremos para colocar as câmeras digitais deles ao lado das suas em nossa página de produtos." A reação natural é *"O quê?"* Uma câmera digital hoje em dia é como peixe no supermercado. Vende rapidamente. Você não quer ficar preso a um estoque enorme de câmeras de 5 megapixels quando os clientes logo procurarão as câmeras de 6 megapixels. Você terá que vendê-las por uma fração do valor. Assim, nossos compradores ficaram extremamente preocupados – e com razão. Eles diziam: "Vejamos se entendi isso direito. Posso ficar preso a um estoque de 10 mil unidades dessa câmera que acabei de adquirir e vocês deixarão todos entrarem e pegarem o tráfego da Amazon em sua principal área de varejo, que é a página de produtos. Perderei o quadro 'comprar' para essa outra pessoa porque ela tem um preço melhor do que o meu?" Respondemos: "Sim."

Conversamos muito sobre isso antes de decidirmos. Mas quando a conversa intelectual fica muito difícil por causa das questões de canibalismo potencial, utilizamos uma abordagem mais simples. Existe uma velha história de Warren Buffett sobre as três caixas em sua mesa: caixa de entrada, de saída e de coisas muito difíceis. Sempre que enfrentamos um desses problemas muito difíceis e não conseguimos decidir o que fazer, tentamos transformar o problema em algo mais direto ao perguntar: "Bem, o que é melhor para o cliente?"

A realidade é que temos uma estrutura de custos altamente competitiva e somos muito bons em competir com produtos como câmeras digitais nessa página e, assim, nós nos saímos muito bem. Mas algumas das coisas mais importantes que fizemos ao longo dos anos foram fracassos táticos de curto prazo. Logo no início (estou me referindo a 1995), quando começamos a divulgar as opiniões dos clientes, alguém poderia criticar um livro e o editor poderia não gostar. Eu recebia cartas dos editores perguntando: "Por que você permite opiniões negativas em seu site? Por que você não mostra apenas as opiniões positivas?" Uma carta particular dizia: "Talvez você não entenda de seu negócio. Você ganha dinheiro ao *vender* as coisas." Pensei comigo mesmo: "Nós não ganhamos dinheiro quando vendemos; ganhamos dinheiro quando ajudamos os clientes a tomarem decisões de compra".

Então você escolhe projetos baseados nas necessidades imutáveis dos clientes e adota a perspectiva do cliente para tomar decisões estratégicas difíceis. Michael Porter afirma que a estratégia é formada por cinco forças, mas estamos ouvindo você falar de apenas uma.

Acho que, de alguma forma, sou congenitamente focado no cliente, e acho que é por isso que tenho essa paixão por descobrir estratégias voltadas para o cliente em contraste com estratégias voltadas para o concorrente, por exemplo. Não há nada de errado com o foco no concorrente. Existem outras empresas que exibiram resultados excelentes ao seguir estratégias para acompanhar de perto a concorrência e ao criar ferramentas de benchmarking muito boas. Há muito o que dizer sobre esse tipo de paixão. Acontece que não somos assim. Não ignoramos nossos concorrentes; tentamos ficar alertas ao que eles estão fazendo e certamente há coisas que acompanhamos cuidadosamente. Mas grande parte de nossa energia e motivação como empresa, como cultura, vem da tentativa de criar essas estratégias voltadas para o cliente. Na verdade, acho que eles funcionam melhor em ambientes de rápidas mudanças por duas razões. Em primeiro lugar, como disse anteriormente, as necessidades dos clientes mudam mais devagar – supondo que você escolha as necessidades certas – do que muitas outras coisas. Em segundo lugar, o acompanhamento da concorrência não funciona tão bem em um ambiente de rápidas mudanças. O valor estratégico de seguir a concorrência é não precisar entrar em todos os becos sem saída. Você deixa que os concorrentes menores os verifiquem e, quando eles encontram algo bom, você simplesmente aposta o quádruplo. Se você estiver seguindo bem de perto e a arena estiver se movendo bem devagar, o fato de você não ser o primeiro a chegar não o prejudicará tanto. Mas, em nosso ambiente, há tantas mudanças rápidas na internet e na tecnologia que nossa abordagem obcecada pelo cliente é muito eficaz.

Existe também outra situação, em que acho melhor ter o foco no cliente, e é quando você é o líder. Se você for focado no concorrente, a tendência será relaxar quando seus benchmarks disserem que você é o melhor. Mas se seu foco for nos clientes, você continuará melhorando. Assim, existem muitas vantagens. Não estou afirmando que inventei essa abordagem – muitas empresas são focadas no cliente – mas isso está profundamente arraigado em todos os cantos e fendas de nossa cultura.

Você foi capaz de elevar isso a um novo patamar. Ser o exemplo desse modelo, quando foi possível obter uma enxurrada de feedbacks dos clientes, aconteceu no momento certo.

Isso é totalmente verdadeiro. Temos a oportunidade de fazer a Amazon não ser apenas uma empresa focada no cliente, mas que estabeleça um novo padrão global para o significado de "foco no cliente". Depois da Segunda Guerra Mundial, Morita-san [Akio Morita, o líder da Sony de longa data] estabeleceu uma meta para a Sony. Ele queria que a empresa fosse conhecida pela qualidade, mas sua maior meta para a Sony era fazer o Japão ser conhecido pela qualidade. Possuir esse tipo de missão maior é muito inspirador. Daqui a alguns anos, quando as pessoas se lembrarem da Amazon, quero que digam que remodelamos o foco no cliente em todo o mundo corporativo. Se pudermos fazer isso, será muito legal.

Em muitas empresas, é difícil manter o foco no cliente. À medida que a própria empresa cresce, os programas internos começam a determinar as decisões. Como você se defende disso? Você está sempre transmitindo os pontos de vista que espera que inspirem profundamente a cultura da empresa?
São três reuniões gerais ao ano. Esse é um dos mecanismos. Além disso, estamos dizendo as mesmas coisas por muitos anos. Converso constantemente sobre tópicos como a perfeição da informação e a obsessão pelo cliente em relação à obsessão pelo concorrente. Também fazemos muitas coisas para manter as pessoas em contato direto com as necessidades dos clientes. Todo empregado novo, independentemente da posição, tem que passar um tempo em nossos centros de processamento de pedidos em seu primeiro ano na empresa. A cada dois anos eles realizam dois dias de atendimento ao cliente. Todos devem ser capazes de trabalhar em um call center.

Até você?
Com certeza. Acabei de atualizar minha certificação; cerca de seis meses atrás. O fato de eu ter realizado muito atendimento ao cliente nos primeiros dois anos não me torna uma exceção. Além disso, é bem divertido e você aprende muito. Não é um fardo.

Esses mecanismos continuamente alimentam o fogo existente, mas a verdade é que as culturas corporativas são incrivelmente estáveis ao longo do tempo. Elas se perpetuam, pois atraem novas pessoas que gostam desse tipo de cultura, enquanto as pessoas que não gostam saem por si próprias. Uma das coisas que mais ouço dos novos executivos, depois de passarem um mês aqui, é: "Não acredito que esse lugar seja tão focado no cliente". Então, se você for alguém que realmente adore uma empresa obcecada pelo concorrente e vier para a Amazon, uma de duas coisas pode acontecer: ou você verá nossa abordagem e dirá: "Isso é realmente muito legal e abriu meus olhos", ou dirá: "Isso não é para mim". Você pode não usar a palavra "cultura", mas estará perdendo algo. Assim, existe um mecanismo muito forte de manutenção das culturas. É por isso que elas são tão difíceis de serem copiadas pelos concorrentes – e uma fonte de enorme vantagem competitiva será você possuir a cultura certa para a missão certa. Isso também impõe limites. Há certas coisas que você não pode enfrentar. Você tem que aceitar sua cultura ao considerar uma estratégia.

Isso significa que a cultura de uma empresa depende muito do rumo escolhido. Com as primeiras pessoas contratadas e suas primeiras experiências, as coisas começam a tomar rumo.
Exatamente. Vou contar uma história sobre um incidente que certamente é uma das razões pelas quais nós somos o que somos. Por volta de maio de 1997, um renomado guru do setor previa nossa falência. Seu argumento era simples: A Barnes & Noble havia acabado de lançar seu website e tínhamos apenas 125 empregados na época e algo em torno de $60 milhões em vendas anuais.

Ele afirmava que vocês teriam despertado um gigante adormecido e aumentaram sua determinação?
Exato. Eles tinham 30 mil empregados na época e $3 bilhões em vendas. A mensagem era: a Amazon teve um bom desempenho em dois anos, mas isso acabou. Eles estão em apuros ("*toast*"). O título do artigo era, na verdade, "Amazon.Toast". Fui perseguido pela mídia e a notícia estava praticamente em toda parte, pois éramos um tipo de modelo de empresa de internet. Acho que todos da empresa receberam ligações dos pais – geralmente das mães – perguntando: "Você está bem? Que negócio é esse de Amazon.Toast?"

Tivemos uma reunião geral – que foi muito fácil de realizar com apenas 125 pessoas – e eu disse: "Não se preocupem com isso. Não podemos pensar sobre como a Barnes & Noble possui muito mais em termos de recursos do que nós." Disse a todos: "Sim, vocês deveriam acordar apavorados, todas as manhãs, com seus lençóis encharcados de suor, mas não por medo dos concorrentes. Tenham medo de nossos clientes, pois eles têm o dinheiro. Nossos concorrentes jamais nos enviarão dinheiro."

Desde então, tomamos várias decisões que apoiavam o cliente e que foram questionadas por críticos bem intencionados, jornalistas, analistas de Wall Street e analistas do setor. Estou falando de remessa gratuita, redução implacável de preços e Amazon Prime. Sempre que fazemos algo assim, somos amplamente criticados e, então, tudo acaba funcionando, ganhamos um pouco mais de credibilidade.

Em sua opinião, qual foi a natureza de seus maiores erros estratégicos?

Acho que os maiores erros foram erros de omissão do que erros cometidos. São aqueles que as empresas nunca tiveram a chance de cometer – nas vezes em que estiveram em posição de perceber alguma coisa e agir, tinham a habilidade e competência ou poderiam adquiri-las e, mesmo assim, não conseguiram. É o contrário de continuar fazendo o que sempre fazem: é quando você não deve manter sua rotina, mas mantém.

É difícil imaginar como você poderia identificar esses erros de omissão a tempo para designar uma equipe gerencial responsável. O que você está fazendo para prevenir isso?

Um bom hábito é fazer a pergunta "Por que não?". Quando algo parece uma oportunidade – parece que você tem a habilidade e talvez algum tipo de vantagem e acha que é uma grande área – sempre é feita a pergunta "Por quê? Por que fazer isso?", mas "Por que não?" é uma pergunta igualmente válida, e pode haver boas razões para não fazê-la – talvez você não tenha os recursos de capital ou parte de seu negócio atual necessita de tanta atenção neste momento em particular que isso seria irresponsabilidade. Nesse caso, se alguém perguntar "Por que não?" você poderá responder: "Por causa disso..." Mas essa pergunta não foi feita. É uma assimetria que está ligada a esses erros de omissão.

Se você estiver determinado a evitar os erros de omissão, não haverá um grande risco de assumir desafios demais e espalhar muito os recursos?

O que você realmente quer fazer na empresa como um todo é maximizar o número de experimentos por determinada unidade de tempo. Se algo for realmente grande – como a grande aposta que fizemos com a Amazon Web Services – você certamente só poderá fazer um número limitado deles e, assim, passará mais tempo pensando e discutindo sobre os experimentos. Alguém coloca o chapéu preto e defende as razões para não fazer isso e outra pessoa coloca o chapéu branco e diz por que isso seria uma boa idéia. Mas já que os resultados de tudo isso são incertos, se você puder descobrir como conduzir o experimento poderá fazer mais apostas. Assim, o segredo realmente é reduzir o custo dos experimentos. Temos um grupo denominado Web Lab que está constantemente fazendo pesquisas com a interface com o usuário, obtendo dados estatísticos de padrões reais de utilização sobre quais interfaces funcionam melhor. Nós o consideramos um grande laboratório e fazemos grande esforço para tentar descobrir como reduzir o custo desses experimentos para que possamos fazer um grande número deles.

Como questão prática, às vezes é muito difícil reduzir radicalmente o custo da experimentação. Existem áreas em que a condução de um experimento ainda é, em termos de custo, equivalente à própria execução. Mas você sempre deve tentar fazer isso. Você deve fazer estimativas e encontrar o menor custo, independentemente de serem ou não geradores de receita.

Com que freqüência os resultados dos experimentos são muito diferentes do esperado?

Às vezes você faz previsões e pensa: quando lançarmos isso, as pessoas irão adorar. Mas elas não adoram. Lançamos um novo recurso – que esqueci o nome – no qual pegamos seu histórico de compras e, então, encontramos, entre nossos milhões de clientes, aquele cujo histórico seja mais parecido com o seu. Você pode clicar em um botão e mostraremos todas as coisas que seu *alter ego* comprou e você não. Ninguém usou isso. Nossa história está repleta de coisas assim, em que propomos uma inovação que achamos ser muito legal mas pela qual os clientes não se interessam. Felizmente, existe também um bom número que teve resultado oposto. Na época em que lançamos o programa Associates, achamos que fosse algo bom a ser feito, mas tínhamos expectativa relativamente baixa. Associates é nosso programa de marketing que permite que outros sites ganhem comissões de associados ao nos enviarem compradores. Ele foi o primeiro programa desse tipo e excedeu de maneira surpreendente as nossas expectativas. Rapidamente, nos concentramos nesse programa de marketing e ele continua sendo muito bem-sucedido, 11 anos depois.

Ao mesmo tempo, você tem que reconhecer que há momentos em que não pode só molhar o dedo na água; você tem que mergulhar de cabeça. Você precisa dizer: "Isso será caro – e isso significa que teremos que fazê-lo funcionar. Ao permitir isso, você pode fazer muitos ajustes nos detalhes, mas realmente se compromete com o objetivo. A propósito, é muito agradável ter esse tipo de cultura em que as pessoas estão dispostas a dar esses mergulhos – é o oposto do "*não* institucional". É o *sim* institucional. As pessoas dizem: "Vamos fazer isso. Descobriremos uma maneira."

Como isso se enquadra em sua ênfase em seguir os resultados preliminares dos experimentos?
Eu diria que é importante ser persistente na visão e flexível nos detalhes. Falei sobre a evolução de nosso negócio de *marketplace* – ele é um bom exemplo de quando fomos implacáveis na visão.

Nossa execução foi pontuada por pequenos ajustes. Trabalhamos nisso por alguns anos, mas não desistimos da visão. Acho que quando você acredita que determinado grupo de clientes é importante, neste caso os vendedores, que identificou algumas das necessidades não transientes e que o mercado em questão é grande o suficiente, vale a pena ser persistente na busca.

À medida que o negócio cresceu e passou para novas áreas, você deve ter se sentido desafiado a continuar no nível pessoal. O que você teve que aprender pelo caminho?
Algo sobre o qual ainda não conversamos, mas que é superimportante em nossa cultura: é o foco na redução de defeitos e na execução. Essa é a razão de termos sido bem-sucedidos com nossos clientes. É algo que tive que aprender.

Não é seu talento natural?
Bem, quando disse "aprender" quis dizer que literalmente aprendi um monte de técnicas, como Six Sigma, produção enxuta e outras abordagens incrivelmente úteis. Sou naturalmente muito detalhista, por isso tenho os instintos certos para ser um operador aceitável, mas não possuía as ferramentas para criar processos reproduzíveis e saber onde esses processos faziam sentido. Antes de criar a Amazon, eu trabalhava com um fundo de hedge quantitativo. Esse trabalho é muito analítico e requer muita disciplina, mas não é uma questão de projetar um processo reproduzível. Não é como uma fábrica de carros, onde o trabalho é realizado sem gerar defeitos, da mesma forma, repetidamente – ou, de qualquer forma, esse aspecto não é tão importante. Aqui, o foco na execução é um grande fator e você pode ver isso em

nossos indicadores financeiros dos últimos dez anos. Isso se torna muito claro quando, por exemplo, examinamos o número de contatos de clientes por unidade vendida. Nossos clientes não entram em contato conosco a menos que haja algo de errado, assim, queremos reduzir esse número – e ele vem se reduzindo todos os anos há 12 anos. É um gerenciamento de processo de grandes proporções. Tentamos implementar esses tipos de processos em vários lugares, e eles se aplicam de forma mais natural em nossos centros de processamento de pedidos, no atendimento ao cliente etc., mas, na verdade, descobrimos que eles podem ser úteis em várias outras coisas.

Quando você não tem experiência com o gerenciamento de processos disciplinado, no início você acha que é equivalente à burocracia. Mas um processo eficaz não é burocracia. Burocracia é um processo sem sentido – e também tínhamos um pouco.

O que foi mais crítico para sua capacidade de crescer como administrador e líder? Freqüentemente, os empreendedores não são capazes de acompanhar o crescimento do negócio que criaram.

Não acho que tenha algo profundo a dizer sobre isso. No início, é um negócio de uma pessoa, pelo menos no primeiro dia, e você não apenas está pensando no que fazer, mas está realmente fazendo. Em determinado momento, a empresa fica maior e você está pensando mais no que fazer, mas não no modo como é feito. Eventualmente, você chega a um ponto em que você está pensando mais em quem irá fazer do que no que fazer. Assim, podemos considerar isso uma transição de perguntas: de "Como?" para "O quê?" e para "Quem?". Não é necessariamente algo consciente: as circunstâncias determinam. À medida que tudo fica maior, não acho que você possa operar de outra forma. Assim, a pergunta para qualquer executivo sênior é, basicamente: "Você está progredindo junto com o negócio, no ritmo certo?"

É claro que estou simplificando bastante, já que, na verdade, você continua a se aprofundar em determinadas áreas. Nunca encontrei o que considero ser um bom executivo que não escolhe certas atividades altamente alavancadas – eles consideram certas áreas tão importantes que as inspecionam completamente até o estágio "como fazer".

Em qual área você se aprofunda?

Quando o assunto é o modo como reduzimos implacavelmente os preços voltados para o consumidor, continuo a inspecionar isso e converso com as pessoas que realizam o trabalho em toda a hierarquia da empresa. Preciso me certificar de que somos realmente competitivos e focados em oferecer aos clientes os preços mais baixos possíveis. Essa é uma das coisas que considero tão alavancada que estou envolvido em todos os níveis gerenciais.

Existe alguém na empresa que pode dizer "não" a você?

Na verdade estou pensando: quem não diz "não"? Temos tantos executivos poderosos... Assim, não só os meus subordinados diretos, mas os que estão abaixo deles, dizem "não". Criamos uma atmosfera informal que acho que ajuda as pessoas a dizerem "não" para mim – e não apenas a mim. É muito importante também que eles sejam capazes de dizer o que acham ao vice-presidente ou a seu diretor e assim por diante. Acho que uma atmosfera informal é um grande benefício.

Isso não significa que às vezes não temos debates turbulentos e não ficamos zangados uns com os outros. A intensidade é importante. Sempre digo às pessoas que nossa cultura é amigável e intensa, mas se a situação fica muito ruim, nos conformamos com a intensidade. Mas não há contradição entre ser intenso e se divertir. Você realmente pode fazer isso. É isso que almejamos e, em nossa melhor forma, é isso que conseguimos. Quando temos grandes problemas, nos reunimos e damos risada deles. Às vezes é humor negro, mas ou rimos ou choramos. Assim, tentamos superá-los. Acho que há um grande valor em se divertir, mesmo que, em uma cultura mais formal, algumas de nossas reuniões pareçam indisciplinadas. Em uma reunião de uma hora, podemos gastar dez minutos contando piadas e eu geralmente sou o pior deles. Eu rio e digo: "Isso me lembra de..." e o assunto é desviado para outra história. Eventualmente alguém diz, "Bem, isso é muito interessante, mas você concorda que temos um cronograma..." Acho que isso funciona muito bem.

Publicado originalmente em outubro de 2007
Reimpressão R0710C

Como os setores mudam

ANITA M. MCGAHAN

Sumário executivo

ISSO É BEM ÓBVIO: para realizar investimentos inteligentes em sua organização, você precisa entender como seu setor muda. Mas tal conhecimento nem sempre é fácil de ser obtido. As empresas constantemente interpretam mal os sinais e chegam a conclusões errôneas.

Para entender realmente o rumo que seu setor está tomando, você precisa adotar uma visão abrangente, e de longo prazo, do contexto em que seu negócio está inserido, diz a professora Anita McGahan, da Boston University. Ela estudou uma variedade de negócios de uma amostra de setores em um período de dez anos e examinou como a estrutura do setor afeta a lucratividade do negócio e os retornos do investidor. Sua pesquisa sugere que os setores se desenvolvem em uma de quatro trajetórias distintas – *radical, progressiva, criativa e intermediária* –, que estabelecem limites à geração de lucro de uma empresa. Essas quatro trajetórias são definidas por dois tipos de ameaças. A primeira é quando alternativas novas e externas ameaçam enfraquecer ou tornar obsoletas as atividades centrais que historicamente geraram lucros para um setor. A segunda é quando os ativos centrais de um setor

---

*Esse texto é baseado no artigo da autora, "How Industries Evolve", *Business Strategy Review*, agosto de 2000.

– seus recursos e capital intelectual e de marca – não conseguem gerar valor como antes.

Os setores passam por mudança radical quando tanto os ativos centrais quanto as atividades centrais são ameaçados pela obsolescência; eles sofrem mudança progressiva quando nenhum deles é ameaçado. A mudança criativa ocorre quando os ativos centrais estão sob ameaça, mas as atividades centrais estão estáveis, e a mudança intermediária acontece quando as atividades centrais são ameaçadas enquanto os ativos centrais mantêm a capacidade de criar valor.

Se a estratégia de inovação de sua empresa não estiver alinhada com a trajetória de mudança do setor, seu plano para alcançar os retornos sobre o capital investido não pode ter sucesso, diz McGahan. Mas se conhecer o caminho que está trilhando, você pode determinar quais estratégias terão sucesso e quais fracassarão.

VOCÊ NÃO PODE fazer investimentos inteligentes em sua organização a menos que entenda como seu setor muda. Se o setor estiver no meio de uma mudança radical, você eventualmente terá que desmantelar o velho negócio. Se o setor estiver sofrendo uma crise incremental, você provavelmente terá que reinvestir em seu núcleo. A necessidade de entender a mudança em seu setor pode parecer óbvia, mas tal conhecimento nem sempre é fácil de obter. As empresas constantemente interpretam mal os sinais e chegam a conclusões errôneas. A Sotheby's, por exemplo, investiu em leilões on-line (seu próprio website e também um empreendimento com a Amazon)

Para entender realmente o rumo que o setor está tomando, você precisa se isolar do barulho da mídia corporativa e da pressão das ameaças competitivas imediatas para adotar uma visão de longo prazo do contexto em que seu negócio está inserido. Foi isso que eu e alguns de meus colegas fizemos. A pesquisa descrita neste capítulo é baseada em uma visão abrangente da variedade de negócios de uma amostra ampla de setores nos Estados Unidos. A pesquisa, que começou no início da década de 1990 e continua até hoje, concentrou-se originalmente no modo como a estrutura do setor afeta a lucratividade do negócio e os retornos do investidor. Essa análise estatística produziu várias hipóteses sobre como os setores se desenvolvem, que foram, então, testadas e refinadas em uma série de estudos de caso sobre a estrutura do setor, mudança do setor e vantagem competitiva.

A conclusão, que aqui será bem simplificada visando a clareza, é que os setores se desenvolvem em quatro trajetórias distintas – radical, progressiva, criativa e intermediária. Além disso, a estratégia de uma empresa – seu plano para alcançar um retorno sobre o capital – não pode ter sucesso se não estiver alinhada com a trajetória de mudança do setor. As quatro trajetórias estabelecem limites à geração de lucro de uma empresa. Muitas empresas sofreram perdas, pois tentaram inovar para fora desses limites. Um dos exemplos mais famosos é a Xerox, lendária por suas inovações e por seu esforço para colher os lucros dessas inovações. Em meados da década de 1980, o setor de fabricação de copiadoras amadureceu em torno de um modelo de negócios que enfatizava "produtos de sucesso" criativos. Enquanto isso, o setor de computadores pessoais estava na infância e, embora a Xerox PARC tivesse introduzido invenções de PC como a interface gráfica do usuário e o mouse, a empresa não foi capaz de realizar incursões nesse setor em rápido crescimento, que exigia um novo conjunto de atividades de negócio.

Nenhuma estratégia de inovação funciona para todas as empresas em todos os setores, mas se você entender a natureza da mudança em seu setor poderá determinar quais estratégias deverão ter sucesso e quais fracassarão.

Quatro trajetórias de mudança

Antes de examinarmos minuciosamente as quatro trajetórias da evolução do setor, é importante perceber que elas são definidas por dois tipos de ameaças de obsolescência. A primeira é uma ameaça às atividades centrais do setor – as atividades que historicamente geraram lucros para o setor. Elas estão ameaçadas quando se tornam menos relevantes aos fornecedores e clientes devido a alguma alternativa nova e externa. No setor de automóveis, por exemplo, muitas concessionárias estão descobrindo que suas atividades tradicionais de vendas são menos valorizadas pelos consumidores, que buscam na internet os dados sobre características, desempenho e preços dos carros desejados. A segunda é uma ameaça aos ativos centrais de um setor – seus recursos, conhecimento e capital de marca que historicamente tornaram a organização única. Eles são ameaçados se não conseguirem gerar valor como antes. Na indústria farmacêutica, por exemplo, medicamentos populares estão constantemente sob ameaça à medida que as patentes expiram e novas drogas são desenvolvidas.

O quadro "Trajetórias de mudança do setor" mapeia os relacionamentos entre essas duas ameaças e as quatro trajetórias de mudança. A mudança *radical* ocorre quando tanto os ativos centrais quanto as atividades centrais de um setor são ameaçadas pela obsolescência. Essa trajetória é a mais próxima do conceito de mudança turbulenta que Clayton M. Christensen, de Harvard, discute. Sob esse cenário, o capital intelectual e de marca acumulado no setor se desgasta, bem como os relacionamentos com o cliente e o fornecedor. Durante as décadas de 1980 e 1990, estima-se que 19% dos setores nos Estados Unidos passaram por algum estágio de mudança radical. Um bom exemplo é o setor de viagens. As atividades centrais e os ativos centrais das agências de viagem foram ameaçados quando as companhias aéreas implementaram sistemas que aumentaram a concorrência direta por preço (como o SABRE e outros sistemas de reservas) e os clientes das agências mudaram para os sistemas Web (como Expedia, Orbitz e Travelocity), os quais ofereciam novo valor (monitoramento dos vôos e passagens disponíveis, por exemplo).

Trajetórias de mudança do setor

Ao determinar por qual tipo de mudança seu setor está passando – e, sem dúvida, ele está passando por algum tipo de transformação – você precisa considerar se existem ameaças às ***atividades centrais*** *de seu setor (as ações recorrentes que sua empresa executa para atrair e manter fornecedores e compradores) e aos* ***ativos centrais*** *(os recursos duráveis, incluindo os intangíveis, que tornam sua empresa mais eficiente no desempenho das atividades centrais).*

Ativos centrais \ Atividades centrais	Ameaçado	Não ameaçado
Ameaçado	**Mudança radical** *Tudo é incerto.* Exemplos: Fabricantes de telefones convencionais, agências de correio expresso e agências de viagem	**Mudança criativa** *O setor está constantemente desenvolvendo ativos e recursos.* Exemplos: a indústria cinematográfica, proprietários de times esportivos e bancos de investimento
Não ameaçado	**Mudança intermediária** *Os relacionamentos são frágeis.* Exemplos: Concessionárias de automóveis, corretores de investimentos e casas de leilão	**Mudança progressiva** *As empresas implementam testes incrementais e se adaptam ao feedback* Exemplos: Leilões on-line, companhias aéreas e transporte rodoviário de longa distância

Quando nem os ativos centrais nem as atividades centrais são ameaçadas, a trajetória de mudança do setor é *progressiva*. Durante os últimos 20 anos, essa era, de longe, a trajetória mais comum; cerca de 43% dos setores nos Estados Unidos estavam mudando progressivamente, incluindo transporte rodoviário de longa distância e companhias aéreas. Nesses setores, os ativos básicos, atividades e tecnologias de base permaneceram estáveis. Empresas inovadoras como Yellow Roadway, Southwest e JetBlue tiveram sucesso não porque os pontos fortes das maiores empresas se tornaram obsoletos, mas porque as empresas em ascensão tinham idéias inteligentes sobre como otimizar a eficiência.

As outras duas trajetórias de mudança – *criativa* e *intermediária* – foram negligenciadas na literatura de administração, provavelmente devido a suas nuances. A mudança criativa ocorre quando os ativos centrais estão sob ameaça, mas as atividades centrais estão estáveis. Isso significa que as empresas devem continuamente encontrar maneiras de restaurar seus ativos enquanto protegem os relacionamentos existentes com os clientes e fornecedores; considere os estúdios de cinema ao produzirem novos filmes e empresas petrolíferas na exploração de novas jazidas. Cerca de 6% de todos os setores dos Estados Unidos estão em trajetória de mudança criativa.

A mudança intermediária ocorre quando as atividades centrais são ameaçadas pela obsolescência – os relacionamentos com os clientes e fornecedores estão mais distantes e frágeis – enquanto os ativos centrais mantêm a capacidade de criar valor. A Sotheby's, por exemplo, continua sendo boa como sempre em avaliar obras de arte, mas, devido à tecnologia que possibilitou o surgimento do eBay, a atividade de mediação da casa de leilões não cria mais tanto valor. O desafio em uma mudança intermediária é encontrar maneiras de preservar o capital intelectual e de marca, e outros ativos valiosos, ao mesmo tempo em que os relacionamentos com os clientes e fornecedores mudam. Durante as décadas de 1980 e 1990, aproximadamente 32% dos setores nos Estados Unidos passaram por alguma forma de mudança intermediária. (Veja o quadro "Uma fatia justa?".)

Mudança radical

A transformação radical ocorre quando tanto os ativos centrais quanto as atividades centrais são ameaçados pela obsolescência. A importância das capacidades e dos recursos tradicionais de um setor é diminuída por alternativa externa, os relacionamentos com os compradores e fornecedores são ameaçados e as empresas eventualmente entram em crise. A evolução radical do setor é relativamente rara e na maioria das vezes ocorre após a introdução em larga escala de alguma nova tecnologia. Esta também pode acontecer quando existem mudanças regulamentares (como no setor de transporte aéreo de longa distância na década de

Uma fatia justa?

As quatro trajetórias de mudança não estão de modo algum distribuídas de maneira uniforme entre os setores. Surpreendentemente, considerando o tempo e a atenção que grande parte da literatura de administração se dedica a ela, a mudança radical afeta menos que um quinto de todos os setores. Os mais predominantes são a mudança progressiva e a intermediária. As porcentagens mostradas são estimativas da distribuição da trajetória de mudança entre os setores nos Estados Unidos entre 1980 e 1999, com base na variabilidade das receitas e nos ativos entre as grandes empresas.

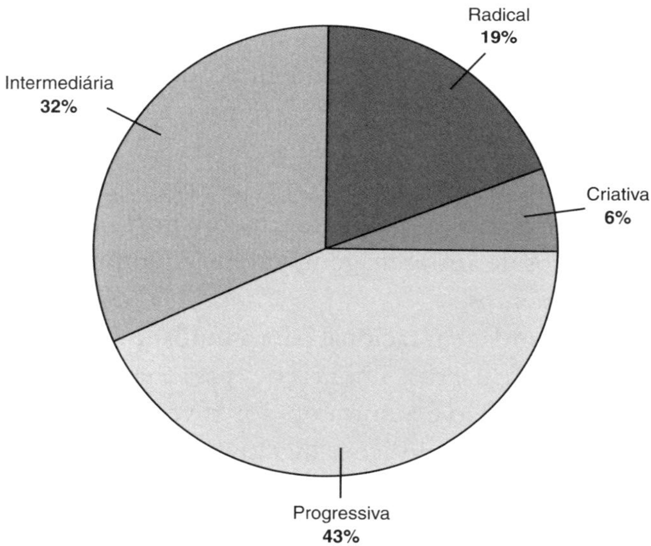

1970, por exemplo) ou simplesmente em decorrência de mudanças no comportamento (os consumidores norte-americanos se afastaram dos cigarros durante os últimos 20 anos, por exemplo).

Um setor em uma trajetória de mudança radical é totalmente transformado – mas não da noite para o dia. Em geral, a mudança requer décadas para se tornar clara e completa. O resultado final é um setor completamente reconfigurado – na maioria das vezes reduzido. O negócio de correio expresso está nas fases iniciais de uma transformação radical que começou há cerca de dez anos. À medida que o uso da internet se tornou predominante, o e-mail (especialmente o e-mail seguro criptografado) surgiu como uma ameaça a esse setor. Embora o volume de cartas expressas esteja aumentando, o negócio ainda está prosperando porque a ameaça ainda está nos primórdios.

Essa é uma das boas notícias associadas à transformação radical: os setores que estão em trajetória de mudança radical, com freqüência se mantêm lucrativos por muito tempo, especialmente se as empresas desse setor redimensionaram seu comprometimento de acordo. Os negócios também têm tempo para desenvolver opções estratégicas que podem ser executadas no futuro se reconhecerem, a tempo, a trajetória em que se encontram. Por exemplo, a aquisição da Kiko's pela Federal Express ajudará esta última a criar relacionamentos mais profundos com negócios de pequeno e médio portes, que necessitam de serviços de armazenagem, gerenciamento e disseminação de documentos.

A única abordagem racional para a mudança radical é enfocar seu estágio final e suas implicações para a estratégia atual de sua empresa. Sair não é a única opção; às vezes alguns sobreviventes podem manter posições lucrativas depois que os outros deixaram o setor. O negócio de computadores de grande porte (mainframes), por exemplo, ainda é bem amplo apesar da ameaça dos fabricantes de PC e estações de trabalho.

Para avaliar a melhor estratégia, quando seu setor estiver em uma trajetória de mudança radical, examine suas estatísticas de produtividade, o ritmo e o momento da transição no setor e os custos de transferência do comprador. Empresas que se anteciparam na mudança podem empregar uma estratégia escalonada – ao buscar melhorias incrementais para estabelecer atividades de negócios e ao conduzir experimentos seletivos no desenvolvimento de novos ativos. Foi assim que as empresas de enciclopédias reagiram à ameaça radical imposta pelas ferramentas de busca on-line: eles experimentaram novos produtos e serviços eletrônicos enquanto criavam novos canais de distribuição, promoviam agressivamente seus produtos existentes e atualizavam os sistemas de gerenciamento de estoque.

Historicamente, muitas organizações que enfrentaram mudança radical em seus setores abandonaram suas posições consagradas e entraram nos ramos de negócio emergentes – correndo enorme risco no processo. Vários fabricantes de máquinas de escrever, por exemplo, tentaram entrar no negócio de fabricação de PCs apenas para interromper os esforços à medida que as demandas do setor emergente se tornaram mais claras. (A IBM foi bem-sucedida em sua estratégia, mas seu sucesso na indústria de PCs estava diretamente relacionado com sua experiência em outras áreas da computação. A alternativa – reinvestir no setor tradicional – também é arriscada, pois compromete a empresa a uma abordagem que pode se tornar não-lucrativa. As empresas que enfrentam a transformação radical devem aceitar a inevitabilidade da mudança e traçar um plano que maximize os retornos sem aumentar o envolvimento com o negócio em dificuldades – mais fácil falar do que fazer.

Mudança intermediária

A mudança intermediária é mais comum do que a evolução radical do setor. Ela normalmente ocorre quando os compradores e fornecedores têm novas opções, pois obtiveram acesso às informações sem precedentes. As atividades centrais dos setores na trajetória de mudança intermediária são ameaçadas, mas os ativos centrais desses setores – capital intelectual e de marca, patentes ou mesmo equipamentos especializados de produção – mantêm grande parte do valor se forem utilizados de modo diferente. Na verdade, os setores estão em trajetória de mudança intermediária quando as atividades de suas operações, que lidam com os mercados de produção e final, são ameaçadas simultaneamente. A mudança intermediária está ocorrendo nas concessionárias de automóveis, por exemplo, por uma série de razões. Em primeiro lugar, as atividades tradicionais de venda de automóveis estão se tornando menos importantes devido à internet e porque agora os veículos duram tanto tempo que os consumidores compram carros com menos freqüência. Em segundo lugar, os fabricantes de automóveis estão buscando relacionamentos mais estreitos com os motoristas e, como resultado, estão começando a compartilhar com seus revendedores a gestão do relacionamento com o cliente; em alguns casos, eles estão tentando assumir completamente o relacionamento com o cliente. Por fim, os revendedores individuais estão perdendo o controle do gerenciamento de estoque à medida que a TI e as finanças sofisticadas criam economias de escopo que podem ser exploradas apenas por empresas maiores e integradas.

A gestão de uma empresa em um setor que esteja sofrendo mudança intermediária é extraordinariamente difícil. De todas as trajetórias de mudança descritas neste capítulo, essa talvez seja a mais desafiadora, pois as empresas devem, simultaneamente, preservar seus ativos valiosos e reestruturar seus principais relacionamentos.

Os executivos tendem a subestimar a ameaça às suas atividades centrais ao presumirem que os clientes de longa data ainda estão satisfeitos e que os longos relacionamentos com os fornecedores ainda são importantes. Na verdade, esses relacionamentos provavelmente se tornaram frágeis. O valor dos ativos centrais com freqüência se eleva com rapidez, o que aumenta a confusão dos gerentes. Por exemplo, as casas de leilão inicialmente atraíam enorme interesse a sua vasta experiência em avaliações porque o eBay havia criado muito alarde em torno dos leilões.

Durante os períodos de mudança intermediária, a pressão sobre o setor tende a aumentar até que atinge o ponto de ruptura. Os relacionamentos são radicalmente abalados para serem, então, reconstituídos temporariamente até que o ciclo se repita. Considere o exemplo das grandes corretoras. Há tempo elas vêm enfrentando críticas sobre conflito de interesses em suas organizações de analistas. Mas a gota d'água foi a recente retração do mercado e os escândalos contábeis – ambos ligados às mudanças fundamentais nas informações disponíveis aos investidores e empresas que buscavam capital de investimento. Os ativos centrais da corretora de investimentos – incluindo os sistemas para avaliar os títulos e para processar negociações – mantiveram seu valor, embora os relacionamentos antigos não mais oferecessem as mesmas oportunidades para gerar lucro.

As empresas que enfrentam mudança intermediária devem encontrar formas não convencionais de extrair valor de seus principais recursos. Estas podem diversificar ao entrar em um novo negócio ou mesmo em um novo setor, ou podem vender os ativos ou serviços para os antigos concorrentes. Na indústria fonográfica, por exemplo, as gravadoras estão começando a vender seus serviços *à la carte* para os músicos potenciais em vez de fazer enormes investimentos iniciais no artista e assumir todos os riscos de seu desenvolvimento (promoções de rádio, coreografia e gerenciamento da imagem, entre outras despesas). O cliente e as atividades mudaram, mas o recurso central – a capacidade das gravadoras de desenvolver novos artistas – mantém seu valor. Em outro exemplo, algumas casas de leilões tradicionais, ameaçadas pelo eBay, exploraram seu conhecimento em avaliações na internet; por uma taxa, eles certificam o valor dos itens negociados on-line. Ao reconfigurar os velhos ativos de forma diferente, essas empresas estão lidando com a intermediação de maneira eficaz.

Os retornos iniciais nessa trajetória de mudança podem ser relativamente altos, e podem cair drasticamente e, depois, se recuperar por algum tempo. Os lucros das gravadoras, por exemplo, foram voláteis já que as empresas se adaptam à intermediação com diversos níveis de sucesso. Uma estabilização no desempenho pode criar a ilusão de que o reinvestimento no negócio tradicional seria uma boa idéia. Mas as organizações que percebem a trajetória que seu setor está seguindo podem tornar os períodos relativamente calmos em oportunidades para a transformação estratégica.

Mudança criativa

Em setores em trajetória de mudança criativa, os relacionamentos com os clientes e fornecedores são na maioria das vezes estáveis, mas os ativos mudam constantemente. A indústria cinematográfica é um bom exemplo. Grandes produtoras desfrutam de um relacionamento contínuo com atores, agentes, proprietários de cinema e executivos de TV a cabo. Dentro de sua rede, eles produzem e distribuem novos filmes o tempo todo. Essa combinação de ativos instáveis (novos filmes) e relacionamentos estáveis (como compradores e fornecedores) possibilita um desempenho superior no longo prazo. Na verdade, as maiores empresas em setores de mudança criativa mantêm sua posição por longos períodos.

Outros setores que se desenvolvem em trajetórias criativas incluem a indústria farmacêutica, a exploração de petróleo e gás e pacotes de software. Na indústria farmacêutica, as empresas pesquisam, desenvolvem e testam novas drogas e, então, utilizam suas habilidades administrativas e de marketing para comercializá-las. Na exploração de petróleo e gás, as empresas gerenciam seus portfolios de projetos de exploração e mantêm relacionamentos com refinarias e distribuidores. No setor de pacotes de software, os desenvolvedores criam e testam várias aplicações na esperança de que uma ou mais se tornará uma *killer app.** Ao aplicar testes de usuário eficazes e habilidades de marketing, os líderes do setor perpetuam esse sucesso.

**Nota do Tradutor*: Abreviatura de *killer application*, aplicação que torna uma tecnologia irresistível para o mercado.

A trajetória de mudança criativa, como a trajetória intermediária, não precisa ser amplamente estudada. É fácil confundi-la com a mudança radical, apesar da estabilidade dos relacionamentos dentro da rede. Quando esse erro é cometido, as empresas podem reagir exageradamente e negligenciar relacionamentos importantes que são críticos para a lucratividade. Por exemplo, algumas empresas do setor farmacêutico se concentraram tanto nos métodos emergentes para a descoberta de drogas que investiram capital exclusivamente em relacionamentos de novas pesquisas e não desenvolveram uma força de vendas apropriada nos novos mercados.

A inovação sob uma mudança criativa ocorre esporadicamente. Embora existam várias fórmulas consagradas para fazer filmes de sucesso, por exemplo, ocasionalmente um novo gênero ou abordagem técnica pode surgir. De forma semelhante, as empresas da indústria farmacêutica vêm experimentando novos métodos para a descoberta de drogas ao longo dos últimos 15 anos. Apesar dessas mudanças, as empresas que lideram esses setores não são iniciantes. Elas mantiveram seu poder ao explorar suas redes de relacionamento.

Existem várias maneiras de as empresas do setor em trajetória de mudança criativa gerarem grandes retornos sobre o capital investido. Por exemplo, as empresas líderes desses setores tendem a distribuir o risco do desenvolvimento de novos projetos em um portfolio de iniciativas. Como resultado, seus retornos são menos voláteis que os de pequenos concorrentes. Outras táticas incluem a terceirização de gerenciamento de projetos e de tarefas de desenvolvimento.

Mudança progressiva

A evolução progressiva é como a evolução criativa, na qual os compradores, fornecedores e líderes do setor possuem incentivos para preservar o *status quo*. A diferença é que os ativos centrais não são ameaçados pela obsolescência na mudança progressiva e, assim, os setores nessa trajetória são mais estáveis do que aqueles na trajetória de mudança criativa. Atualmente, os setores de varejo de desconto, transporte rodoviário de longa distância e transporte aéreo estão se desenvolvendo dessa forma.

A evolução progressiva é mais parecida com o tipo de mudança que Christensen se refere como "sustentável". O progresso ocorre e a tecnologia pode causar enorme impacto, mas isso acontece dentro da estrutura de negócios existente. Os recursos centrais tendem a valorizar em vez de depreciar ao longo do tempo. Mudança progressiva não significa que a mudança seja pequena ou lenta. Ao longo do tempo, as mudanças incrementais podem levar a grandes melhorias e grandes mudanças. Veja o que aconteceu com o varejo de desconto ao longo dos últimos dez anos. O impacto cumulativo do Wal-Mart foi extraordinário e a empresa desenvolveu uma dominância sem precedentes. Mas o varejista desenvolveu essa vantagem ao fortalecer os relacionamentos com os clientes e fornecedores e não ao buscar relacionamentos totalmente novos.

As estratégias corporativas mais lucrativas nos setores de mudança progressiva geralmente envolvem construir posições distintas baseadas na expertise geográfica, técnica ou de marketing. A meta é criar recursos e capacidades de maneira contínua e progressiva. As empresas raramente entram em confrontos temerários ou concorrência acirrada e não precisam arriscar grandes quantias antes de descobrir se uma inovação cria valor. Ao contrário, seu desempenho depende da resposta rápida ao feedback. A Southwest Airlines, por exemplo, testa novas rotas de vôo, mas não tem medo de abandonar uma rota que eventualmente não funcione sob a abordagem da empresa em relação ao transporte aéreo.

Empresas bem-sucedidas em setores de mudança progressiva costumam ser vistas pela comunidade financeira como um investimento de risco mínimo e com o potencial para retornos apenas moderados. No longo prazo, no entanto, essas empresas realmente podem criar grandes retornos para os investidores. A *Money* informou que as duas empresas que geraram os maiores retornos aos acionistas durante os 25 anos de existência da revista foram o Wal-Mart e a Southwest.

Em qual trajetória você se encontra?

É difícil identificar a trajetória evolutiva de seu setor enquanto ele evolui. É fácil se distrair ou se confundir com o senso comum, as demandas dos clientes ou medidas dos concorrentes. Para assegurar a exatidão, seus analistas devem ser focados e sistemáticos.

O primeiro passo é definir seu setor. Você pode começar identificando as empresas em seu setor que compartilham os mesmos compradores e fornecedores. Muitos economistas usam a regra dos 5% para determinar se o compartilhamento é suficiente para qualificar as empresas como concorrentes diretos: se uma flutuação de 5% nos preços de uma empresa fizer os clientes ou fornecedores mudarem para outra empresa, os negócios serão considerados concorrentes diretos. Quando um grupo de empresas pretende atrair os mesmos compradores e depende dos mesmos fornecedores, você possui mais uma evidência de que elas são concorrentes diretos, e quando as empresas utilizam as tecnologias semelhantes para criar valor, provavelmente elas podem ser consideradas concorrentes diretos.

O segundo passo é definir os ativos e as atividades centrais do setor. Eis uma maneira fácil de verificar se algo é central: se ele for eliminado hoje, os lucros serão menores daqui a um ano, apesar dos esforços para compensar sua falta. Se a resposta for "sim", então certamente é central. No setor de leilões, por exemplo, a capacidade de avaliar obras de arte é uma atividade central. No setor de bebidas, a marca Coca-Cola é um ativo central. A ausência de uma dessas capacidades prejudicaria seriamente a lucratividade em seus respectivos setores.

O terceiro passo é determinar se os ativos e atividades centrais estão ameaçados pela obsolescência. Para qualificar, a ameaça deve tornar os ativos e atividades potencialmente irrelevantes para a lucratividade, que deve ser significativa a ponto de comprometer a sobrevivência de pelo menos um líder do setor e ampla o suficiente para influenciar cada empresa do setor. Uma vez que você já sabe se as atividades e os ativos centrais estão ameaçados, é possível identificar qual das quatro trajetórias se aplica ao setor que você está estudando.

O último passo do diagnóstico é avaliar a fase da trajetória evolutiva. Este passo é importante: a mudança no setor geralmente acontece durante um longo período e as opções para lidar com a mudança normalmente diminuem drasticamente no decorrer de cada fase. (Veja "O ciclo de vida do setor revisado", no final deste capítulo.)

Também é essencial notar que um setor geralmente evolui ao longo de uma única trajetória ao mesmo tempo. Ele quase sempre começa em uma trajetória progressiva ou criativa, pois, como um todo, as empresas em um setor não conseguem obter valor sem um modelo claro para organizar suas atividades centrais. Com o tempo, o setor pode se sentir pressionado a mudar essas atividades – pela demanda dos clientes e novas tecnologias, por exemplo. A ameaça de obsolescência pode lançar o setor em uma trajetória radical ou intermediária. À medida que o setor reestrutura suas atividades e ativos centrais, a ameaça de obsolescência pode desvanecer, assinalando a transição do setor de volta à trajetória progressiva ou criativa. Uma empresa que sobreviveu a essas transições pode, às vezes, manter a lucratividade, embora ela quase sempre tenha que operar em uma escala menor, com uma abordagem muito diferente.

Os setores não mudam sua trajetória com muita freqüência; nenhum setor que estudei mudou seu caminho evolutivo mais de uma vez em dez anos. Assim, é muito provável que determinado setor esteve em uma única trajetória evolutiva por alguns anos, no mínimo, e embora algumas vezes seja possível que uma única empresa influencie a trajetória de todo o setor, o esforço necessário é quase sempre muito grande para valer a pena, e fracassar nessa tentativa pode ser devastador para a lucratividade da empresa ou mesmo para sua sobrevivência.

Capitalizando a evolução do setor

Entender a mudança no setor pode ser mais do que útil para evitar erros. As regras sob cada trajetória podem ajudá-lo a prever logo como a mudança ocorrerá em seu setor – e ajudá-lo a determinar como explorar a mudança à medida que ela ocorre. Seria impossível relacionar aqui todas as possíveis contingências para a mudança em cada trajetória e a cada estágio, mas apresentamos a seguir alguns insights gerais.

ANALISANDO A MUDANÇA RADICAL E A INTERMEDIÁRIA

Como foi observado anteriormente, as empresas que operam em um setor que está em uma trajetória de mudança radical ou intermediária deve realizar uma manobra equilibrada – buscar agressivamente os lucros de curto prazo e, ao mesmo tempo, evitar investimentos que poderiam, mais tarde, impedir o alcance de suas metas. Para obter o equilíbrio correto, coloque-se na pele dos fornecedores e também dos compradores. Quais opções estão surgindo?

Veja o exemplo das concessionárias de automóveis, que estão em uma trajetória de mudança intermediária. Elas estão presas a vários pactos com os fabricantes, seus fornecedores. No entanto, a intermediação das concessionárias representa novas oportunidades para os fabricantes se relacionarem com os consumidores: Quais são os impasses para os fabricantes se eles promoverem as vendas em colaboração com as concessionárias em vez de fazer isso diretamente com os consumidores? Como os fabricantes podem levar a cabo algo assim sem violar seus contratos com as concessionárias? Apenas como um pensamento não convencional – além do padrão de pesquisa de mercado e planos de propaganda – os fabricantes podem encontrar respostas a essas questões.

A mudança radical e intermediária também exige novas maneiras de enfrentar as ameaças competitivas. Em vez de encarar os concorrentes de modo convencional, considere a possibilidade de fazer alianças para proteger interesses comuns e defender-se contra novos concorrentes externos – ou facilitar a consolidação. Quando algumas regiões dos Estados Unidos ficam superlotadas de concessionárias, revendedores afiliados (revendedores da Honda em cidades adjacentes, por exemplo) se fundem.

Em uma mudança radical ou intermediária, também é importante interpretar os conflitos dentro da organização de forma diferente. "Guerras civis" podem ocorrer na organização à medida que as divisões expostas a diferentes segmentos do negócio desenvolvem pontos de vista opostos sobre a natureza e o ritmo da mudança. É incrível como isso acontece freqüentemente. É necessária uma liderança forte e central para lidar com o problema de maneira eficaz.

SOBREVIVENDO À MUDANÇA RADICAL E À INTERMEDIÁRIA

Sob essas condições, seria inteligente avaliar a rapidez como seus ativos centrais estão sendo depreciados. A maneira mais fácil de fazer isso é identificar o quanto você está gastando para renová-los. Vale a pena investir em uma contabilidade de custos completa, já que o valor de seus ativos pode variar nos diferentes segmentos do negócio de maneira surpreendente. O objetivo dessa análise seria distinguir os segmentos em que você pode proteger sua posição competitiva daqueles em que sua posição corroerá rapidamente. Em geral, essa avaliação produz informações importantes sobre o valor da propriedade intelectual e como ele pode ser protegido de modo mais intensivo. Por exemplo, um estúdio de cinema pode descobrir que, em algumas regiões, as perdas com a pirataria de vídeo são maiores do que os lucros potenciais da distribuição de filmes, no varejo, em fita de vídeo ou DVD.

Para navegar em trajetórias de mudança radical ou criativa de forma bem-sucedida, as empresas devem ter a coragem de decepcionar alguns compradores e fornecedores, independentemente de seu histórico, se os riscos forem muito altos. Apesar do sucesso de bilheteria de Marlon Brando durante a década de 1950, os estúdios de cinema eram relutantes em trabalhar com ele em razão das suas excentricidades. Havia simplesmente muita coisa em jogo na criação de novos filmes para os produtores correrem muitos riscos.

Por causa da volatilidade do desenvolvimento de novos ativos, também é crucial cultivar relacionamentos com os investidores, a fim de assegurar o rápido acesso ao capital quando surgir um projeto vantajoso.

GERENCIANDO A MUDANÇA PROGRESSIVA

A mudança progressiva não é algo simples de se gerenciar, apesar do fato de nem os ativos centrais nem as atividades centrais serem ameaçados. O impacto cumulativo das mudanças incrementais pode elevar o padrão da realização de negócios até o ponto em que apenas um punhado de empresas será competitivo. Por exemplo, os líderes do varejo de desconto (Wal-Mart e Target, dentre outros) gerenciaram implacavelmente mudanças incrementais nas atividades durante décadas. Como resultado, apenas alguns varejistas nacionais possuíam estruturas de custo competitivas em larga escala. Essencialmente, uma das estratégias mais bem-sucedidas para as empresas de setores em uma trajetória de mudança progressiva é desenvolver um sistema de atividades inter-relacionadas que seja defensível por causa de seus maiores efeitos sobre os lucros e não porque são difíceis de entender ou de reproduzir. Leve em consideração que muito pouco da abordagem do Wal-Mart é mantido em segredo. A eficiência da empresa vem acumulando desde que Sam Walton construiu o primeiro centro de distribuição décadas atrás.

ADAPTANDO-SE AOS ESTÁGIOS DA MUDANÇA

Como observamos, todas as quatro trajetórias normalmente se desenvolvem durante décadas, o que significa que as organizações têm tempo para delinear as opções estratégicas para o futuro. À medida que as mudanças ocorrem, um combate é quase sempre caro demais para valer a pena. Nos últimos estágios, as empresas atraem problemas ao manter sistemas de orçamento e de contabilidade de custos ultrapassados. As organizações devem se adaptar para um menor crescimento de receita e desenvolver a capacidade de remover atividades e recursos do negócio.

DIVERSIFICANDO SEU NEGÓCIO

Algumas das oportunidades mais interessantes associadas à evo lução do setor estão relacionadas à diversificação por todos os setores. Ao participar em mais de um setor em uma trajetória progressiva, o Wal-Mart aumentou os efeitos de seus poderosos sistemas de distribuição. Com a aquisição da Kinko's, a FedEx diversificou em resposta à mudança radical. Alguns dos maiores desafios da diversificação têm a ver com o compartilhamento das atividades centrais e dos ativos centrais por todas as divisões em trajetórias diferentes e desenvolver limites claros de autoridade para resolver disputas entre divisões à medida que seus setores criam necessidades de investimento diferentes. É praticamente impossível diversificar de modo lucrativo sem compreender as diferentes trajetórias e fases da mudança no setor.

As TRAJETÓRIAS DESCRITAS anteriormente podem ajudá-lo a prever o desenvolvimento da mudança em seu setor – e como obter vantagem das oportunidades à medida que elas surgem. Para escapar das ameaças ao setor, sua empresa deve cultivar um profundo entendimento de como as mudanças no setor se desenvolverão ao longo do tempo. Como os relacionamentos com comprador e com o vendedor serão afetados? Os ativos intangíveis, como capital intelectual e de marca, são realmente adaptáveis a todos os setores? A tarefa de analisar sistematicamente o ambiente de negócio não é fácil, mas a recompensa é valiosa: uma melhor tomada estratégica de decisões para a sua empresa.

O ciclo de vida do setor revisado

Uma vez determinado em qual trajetória de mudança seu setor se encontra, é preciso descobrir qual fase da mudança o setor está experimentando. O modelo clássico do ciclo de vida do setor é importante para o entendimento das fases da mudança progressiva e criativa. Mas esse modelo não se aplica a setores que estão experimentando mudança radical ou intermediária.

No modelo tradicional do ciclo de vida, os setores começam em um período de fragmentação à medida que as empresas experimentam diferentes abordagens para um mercado. As empresas oferecem uma variedade de produtos e operam com volumes baixos; tendem a ser de profissionais empreendedores, de capital fechado e com foco em pequenas áreas geográficas. Com o tempo, o setor sofre uma consolidação, pois geralmente um modelo de negócios específico alcança credibilidade maior do que qualquer outro. Os concorrentes se tornam mais eficientes, o volume de vendas aumenta e o setor cria um valor sem precedentes para os fornecedores e compradores. Quando os setores atingem maturidade, o crescimento das vendas se desacelera e os líderes geralmente mantêm suas posições. À medida que o volume de vendas diminui, os setores entram em declínio. Nessa fase, as empresas buscam, com freqüência, melhorias graduais em eficiência para recuperar a lucratividade. (Veja o quadro "O modelo tradicional".)

Se você aplicar esse modelo aos setores que estão sofrendo mudança radical ou intermediária, poderá acabar tentando reafirmar sua posição em um setor que não gerará retornos significativos ou poderá acabar perdendo oportunidades tanto em setores tradicionais quanto em setores emergentes.

Um modelo mais preciso para os setores em trajetórias radicais ou intermediárias é apresentado a seguir. Ele reflete as mudanças no modo como os compradores e fornecedores reagem ao nível da ameaça da obsolescência. (Veja o quadro "Um modelo alternativo".) Durante o período inicial de emergência, as empresas em ascensão reivindicam atenção, mas esta pode não ser significativa o suficiente para induzir as empresas tradicionais a se reestruturarem. À medida que a nova abordagem converge em volume, as empresas tradicionais podem reagir com a reconfiguração de algumas de suas atividades. Durante o período de coexistência, os compradores e fornecedores se tornam cada vez mais sofisticados na avaliação da nova abordagem e, como resultado, as novas oportunidades para a criação de valor podem emergir mesmo no setor antigo. Durante a fase final de dominância, os produtos e serviços do setor são avaliados sob um novo critério que reflete a popularidade da nova abordagem.

O modelo tradicional

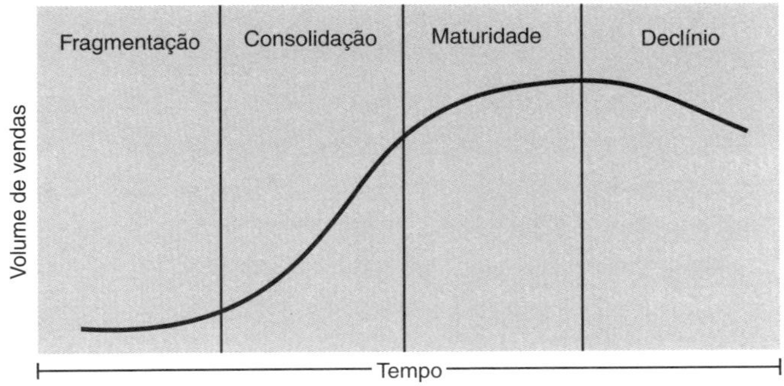

Um modelo alternativo

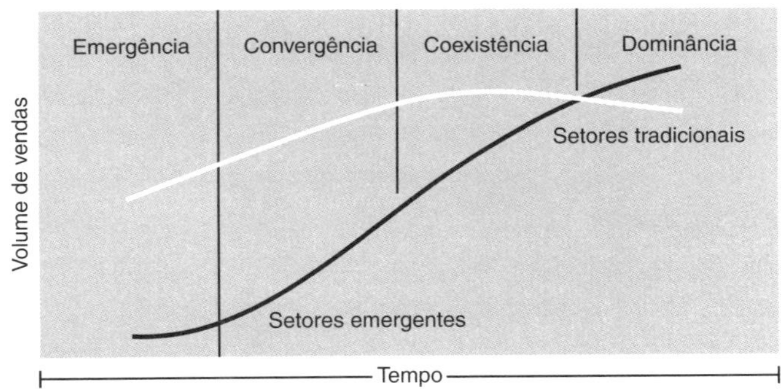

Publicado originalmente em outubro de 2004
Reimpressão R0410E

Como procurar sua próxima atividade principal

CHRIS ZOOK

Sumário executivo

COMO VOCÊ SABE que sua atividade principal precisa mudar? Como você determina o que deveria substituí-la? A partir de um profundo estudo com 25 empresas, o autor, um consultor de estratégia, descobriu que é possível medir a vitalidade da atividade principal de um negócio. Se ele necessita ser reinventado, ele diz, o melhor caminho é explorar os ativos ocultos.

Algumas das 25 empresas estavam em crise profunda quando foi iniciado o processo de redefinição do negócio. Mas, diz Zook, as equipes gerenciais podem aprender a reconhecer os primeiros sinais de desgaste. Ele oferece cinco questões de diagnóstico para avaliar os clientes, as principais fontes de diferenciação, fontes de lucro, capacidades e a cultura organizacional de sua atividade principal.

O próximo passo é a regeneração estratégica. Em um quinto das empresas examinadas por Zook, um ativo oculto foi a peça central da nova estratégia. Ele oferece um mapa para identificar os ativos ocultos, que costumam se enquadrar em três categorias: plataformas de negócio subvalorizadas, insights inexplorados sobre os clientes e capacidades pouco exploradas. A empresa sueca Dometic, por exemplo, fabricava pequenos refrigeradores de absorção para barcos e trailers quando descobriu um ativo oculto:

sua compreensão sobre o cliente e o acesso a eles no mercado de trailers. A empresa se aproveitou de um surto de prosperidade nesse mercado para mudar seu foco para os sistemas completos para trailers. A empresa dinamarquesa Novozymes, que produzia enzimas básicas de tecnologia relativamente baixa como as utilizadas em detergentes, percebeu que sua capacidade bioquímica subutilizada em engenharia genética e protéica era um ativo oculto e alterou seu foco para a criação de enzimas especializadas geneticamente modificadas.

Sua próxima atividade principal provavelmente não se apresentará ao som de uma fanfarra. Use as ferramentas do autor para conduzir uma auditoria interna de possibilidades e localizar seu novo foco.

É INCRÍVEL COMO muitas equipes gerenciais não conseguem explorar, ou mesmo perceber, o potencial total de seus negócios essenciais. Várias empresas, uma após a outra, abandonam prematuramente sua atividade principal em busca de um mercado aquecido ou uma idéia atraente apenas para perceber seu erro no meio do caminho – geralmente quando é tarde demais para voltar atrás. A Bausch & Lomb é um exemplo clássico. Em sua ânsia de ir além das lentes de contato, ela entrou no ramo de produtos dentários, cuidados com a pele e até mesmo aparelhos de audição na década de 1990. Atualmente a B&L abriu mão de todos esses negócios com prejuízo e está batalhando na categoria que antes dominava (em que a Johnson & Johnson agora lidera). Mesmo assim, também é verdade que nenhuma atividade principal dura para sempre. Manter por muito tempo uma atividade desgastada, como fez a Polaroid, pode ser igualmente devastador. Essas empresas já foram as preferidas de Wall Street, cada qual com uma equipe gerencial inteligente e uma atividade dominante. De certa forma, elas cometeram o mesmo erro: calcularam mal o ponto em que o ciclo de vida de sua atividade principal havia chegado ao fim e se era o momento de manter o foco, expandir ou mudar.

Como você sabe quando sua atividade principal precisa mudar de algum modo fundamental? Como você determina qual deve ser a nova atividade? Essas são as questões que motivaram minhas conversas com os gerentes seniores e os esforços da equipe de pesquisadores nos últimos três anos. Descobrimos que é possível medir a vitalidade restante em uma atividade principal – para saber se ela já se exauriu ou ainda pode caminhar. Também concluímos, a partir de um estudo detalhado de empresas que redefiniram suas atividades principais (incluindo a Apple, IBM, De Beers, PerkinElmer e outras 21 empresas), que existe uma maneira correta para se reinventar. O caminho mais seguro não é se aventurar muito longe, mas explorar novos valores perto de casa; os ativos que já estão em mãos, mas na periferia do núcleo, oferecem as melhores atividades principais.

Este capítulo discute essas duas descobertas. Ele identifica os sinais de que um negócio está perdendo sua potência e oferece um modo de diagnosticar a força remanescente em sua atividade principal. Também descreve os esforços dos gerentes, em uma variedade de situações, que reconheceram os sinais de alerta e conseguiram transformar suas empresas. Com base nesses e em outros casos, o capítulo mapeia os prováveis pontos em um negócio em que o potencial de se tornar a nova atividade principal pode ser encontrado.

O momento de uma profunda mudança estratégica

Nem toda empresa que entra em dificuldades precisa reconsiderar a estratégia principal. Pelo contrário, o desempenho em declínio de um negócio que antes prosperava geralmente pode ser atribuído a uma deficiência na execução. Mas quando uma estratégia realmente se esgota, geralmente é por uma destas três razões.

A primeira está relacionada às *fontes de lucro* – os lugares ao longo da cadeia de valor total de um setor onde os maiores lucros são obtidos. Se sua empresa estiver focada em uma fonte de lucros decrescente ou em mudança, um aumento na capacidade de execução não fará muita diferença. Veja o exemplo da Apple, cuja participação no mercado de computadores pessoais despencou de 9% em 1995 para menos de 3% em 2005. Mas o mais importante é que todas as suas fontes de lucros em PCs se contraíram gradualmente durante esses anos. Se a Apple não tivesse mudado seu negócio para a música digital, seu futuro poderia não ser tão brilhante. A General Dynamics se encontrava em situação semelhante na década de 1990, quando os gastos com a defesa diminuíram acentuadamente. Para evitar uma crise causada pelo refluxo das fontes de lucro, a empresa vendeu muitas de suas unidades e redefiniu a empresa em torno de apenas três atividades principais nas quais possuía vantagens substanciais: submarinos, eletroeletrônicos e sistemas de informação.

A segunda razão é uma *economia inerentemente inferior*. Ela geralmente é revelada quando um novo concorrente entra em campo sem o peso das estruturas e custos do qual uma empresa mais antiga não pode se livrar rapidamente. A General Motors observou isso na concorrência com a Toyota, assim como a Compaq com a Dell. Outros exemplos bem conhecidos incluem o Kmart (em relação ao Wal-Mart) e a Xerox (em relação à Canon). Ocasionalmente, uma empresa enxerga as nuvens se formando e é capaz de reagir de maneira eficaz. A Port of Singapore Authority (a atual PSA International), por exemplo, combateu as ameaças da Malásia e outros concorrentes em ascensão ao cortar os custos e identificar novas maneiras de agregar valor aos clientes. Mas às vezes a economia é impulsionada por leis ou acordos bem estabelecidos que uma empresa não pode mudar.

A terceira razão para reconsiderar uma estratégia principal é uma *fórmula de crescimento que não pode ser sustentada*. Um fabricante de um produto de consumo especializado – telefone celular, por exemplo – pode ter seu crescimento interrompido à medida que o mercado fica saturado ou os concorrentes começam a copiar sua fonte exclusiva de diferenciação, ou um varejista, como a Home Depot, pode ver seu crescimento desacelerar à medida que concorrentes como a Lowe's conseguem alcançá-lo. Uma empresa que prosperou com a simples reprodução de seu modelo de negócios pode não encontrar mais territórios para conquistar: imagine as dificuldades que o Wal-Mart enfrentou quando a relação custo-benefício da expansão se tornou desfavorável. A atividade principal de uma mineradora pode chegar ao fim quando suas minas se esgotarem. Em todas essas circunstâncias, encontrar uma nova fórmula para o crescimento depende de encontrar uma nova atividade principal.

A maioria das empresas que eu e minha equipe estudamos percebeu muito tarde que suas atividades principais estavam hesitando. O fabricante de instrumentos óticos PerkinElmer, o comerciante de diamantes De Beers, o fabricante de equipamentos de áudio Harman International – todos eles se encontravam em crise profunda quando começaram a redefinir seus negócios. É inevitável que as empresas sejam pegas de surpresa dessa forma? A equipe gerencial pode aprender a enxergar os primeiros sinais de que sua estratégia principal está perdendo relevância?

Com essa possibilidade em mente, seria razoável avaliar periodicamente as bases da vitalidade de seu negócio. O quadro "Avalie sua atividade principal" oferece uma ferramenta para isso. Suas primeiras questões examinam a atividade principal em relação a seus clientes. Quão lucrativos eles são – quão fiéis? Encontrar as respostas pode ser difícil, mas não há um esforço mais compensador; a estratégia não chega a lugar algum se não começar pelos clientes. A segunda questão investiga as principais fontes de diferenciação de sua empresa e verifica se elas estão se fortalecendo ou se desgastando. A terceira se concentra nas fontes de lucro de seu setor, uma perspectiva freqüentemente negligenciada na busca por receita e maior participação de mercado. Onde os melhores lucros são encontrados? Quem os obtém agora? Como isso pode mudar? A quarta questão examina as capacidades de sua empresa – um tópico a que retornaremos em breve – e a quinta avalia a cultura de sua organização e sua disposição para mudar.

Avalie sua atividade principal

Cinco questões abrangentes podem ajudá-lo a descobrir quando seria o momento de redefinir a atividade principal de sua empresa. Para a maioria das empresas, as respostas para essas questões podem ser encontradas ao examinar as categorias relacionadas ao lado de cada uma.

Se as respostas revelarem que grandes mudanças estão prestes a ocorrer em duas ou mais dessas cinco áreas, sua empresa estará se dirigindo a uma turbulência; você precisa reexaminar os fundamentos de sua estratégia principal e mesmo da própria atividade principal.

Questão	**Examine de perto:**
1. Qual é o estado de nossos clientes principais?	• lucratividade • participação de mercado • taxa de retenção • medidas da fidelidade e recomendação do cliente • participação de carteira
2. Qual é o estado de nossa principal diferenciação?	• definições e indicadores de diferenciação • posição de custo relativo • modelo de negócios dos concorrentes emergentes • aumento ou redução da diferenciação
3. Qual é o estado das fontes de lucro de nosso setor?	• tamanho, crescimento e estabilidade • participação das fontes de lucros capturadas • fronteiras • mudanças e projeções • altos custos e preços
4. Qual é o estado de nossas capacidades principais?	• inventário das principais capacidades • importância relativa • lacunas em relação aos concorrentes e em relação às necessidades futuras da atividade principal
5. Qual é o estado de nossa cultura e organização?	• fidelidade e atritos indesejados • capacidade e pontos de tensão • alinhamento e consenso sobre os objetivos • energia e motivação • restrições ao crescimento

No mínimo, os gerentes que passam por esse exercício tendem a identificar pontos fracos a serem reforçados. De forma mais surpreendente, eles podem salvar o negócio de um fracasso. No entanto, observe que nenhum sistema de pontuação está ligado a essa ferramenta de diagnóstico – não existe um ponto claramente definido em que uma prescrição para redefinições estratégicas é emitida. Isso daria uma falsa precisão ao que deveria ser uma decisão subjetiva tomada por uma equipe gerencial experiente. O valor do exercício é assegurar que as perguntas certas sejam levadas em consideração e, ao serem feitas sistematicamente ao longo do tempo, destaquem as mudanças que podem constituir ameaças crescentes à atividade principal da empresa.

Reconhecendo o potencial de uma nova atividade principal

As equipes gerenciais reagem de formas diferentes quando chegam à conclusão de que uma atividade principal está sob séria ameaça. Algumas decidem defender o *status quo*. Outras querem transformar suas empresas de uma vez por meio de uma grande fusão. Algumas entram em um novo mercado aquecido. Tais estratégias são excessivamente arriscadas. (Nossa análise sugere que as chances de sucesso são menores do que um entre dez para as duas primeiras estratégias e apenas cerca de um entre sete para a terceira.) As empresas que achamos que foram mais bem-sucedidas em sua reestruturação procederam de modo menos audacioso. Considere, por exemplo, a transformação da empresa sueca Dometic.

As origens da Dometic remetem ao ano de 1922, quando dois estudantes de engenharia, Carl Munters e Baltzar von Platen, aplicaram o que era conhecido como tecnologia de absorção para refrigeradores. Enquanto a maioria dos refrigeradores domésticos utiliza compressores movidos a motores elétricos para gerar baixas temperaturas, seu refrigerador não possui peças móveis e nenhuma necessidade de eletricidade; apenas uma fonte de calor, tão simples quanto um tanque de propano. Assim, o refrigerador de absorção é particularmente útil em barcos e trailer, onde a corrente elétrica é difícil de ser obtida. Em 1925, a AB Eletrolux adquiriu os direitos da patente. A divisão responsável pelos refrigeradores de absorção mais tarde se tornou o independente Dometic Group.

Em 1973 a Dometic ainda era uma empresa pequena, com receita de apenas 80 milhões de coroas suecas (cerca de $16,9 milhões). O pior é que estava perdendo dinheiro. Então Sven Stork, executivo responsável por consertar a debilitada linha de produtos da Eletrolux, começou a revigorar o negócio. Stork, que acabou se tornando presidente e CEO da empresa, entrou agressivamente no mercado de frigobares para hotel, onde a operação silenciosa dos refrigeradores de absorção era uma verdadeira vantagem em relação à tecnologia convencional. Impulsionado por essas vendas, a Dometic cresceu e foi capaz de adquirir alguns de seus concorrentes.

A verdadeira reviravolta ocorreu quando a equipe de Stork se concentrou mais no mercado de trailer, que estava acabando de explodir. A questão não era vender mais refrigeradores ao segmento de trailers; a participação de mercado da empresa nesse segmento já era de quase 100%. Em vez disso, ele adicionou outros produtos à linha da Dometic, como condicionadores de ar, tetos solares automatizados, geradores e sistemas para cozinha, iluminação, saneamento e purificação de água. Como Stork explica: "Decidimos transformar os trailers em algo onde você realmente possa viver. A idéia era óbvia para as pessoas que conheciam os clientes. No entanto, levou um tempo para convencer os fabricantes e especialmente o resto de nossa organização." Essas medidas mudaram fundamentalmente a atividade principal da empresa. A Dometic não consistia mais em refrigeradores de absorção: consistia em sistemas de interiores de trailers e o formidável poder de canalização obtido pela venda de todos os seus produtos por meio dos mesmos revendedores e instaladores. Esse poder de canalização permitiu à Dometic levar a cabo uma medida que melhorou radicalmente sua estrutura de custos. A empresa simplificou sua abordagem de vendas nos Estados Unidos ao saltar uma camada de distribuição que sempre existiu e abordou os revendedores de trailers diretamente. "Nós nos preparamos para os riscos como uma operação militar", lembra Stork, "e foi um sucesso fantástico. Éramos a única empresa grande o suficiente para levar isso a cabo. Com isso, pudemos matar nossos concorrentes logo que surgiram por trás das moitas." Em 2005, a Dometic alcançou 7,3 bilhões de coroas suecas ou aproximadamente $1,2 bilhão. Não mais fazendo parte da Electrolux (a empresa de private equity EQT comprou a Electrolux em 2001 e vendeu-a para a empresa de investimento BC Partners alguns anos atrás), a empresa foi altamente lucrativa e controlou 75% da participação de mercado para os sistemas de interiores de trailers no mundo inteiro.

A história de crescimento e de redefinição da Dometic é especialmente instrutiva, pois apresenta todos os elementos que observamos repetidamente em todas as empresas estudadas que redefiniram sua atividade principal de modo bem-sucedido. Eles são: (1) gradualismo durante a transformação, (2) a descoberta e o uso de ativos ocultos, (3) economia da liderança subjacente como base da estratégia e (4) uma mudança de fórmula reproduzível, que é peculiar da empresa, para outra. O "gradualismo" se refere ao fato de que a Dometic nunca tomou uma medida que colocasse a empresa em risco – muito tentador quando um negócio está por um fio, mas quase sempre uma aposta perdedora. Como nos outros casos de renovação estratégica que estudamos, ela redefiniu sua atividade principal ao deslocar seu centro de gravidade ao longo de um vetor de crescimento existente. Para isso, ela contou com ativos ocultos – recursos ou capacidades que ainda não foram explorados. No caso da Dometic, o segredo estava em sua compreensão sobre o cliente e o acesso a ele no mercado de trailers.

A economia da liderança é a marca registrada de quase todas as grandes estratégias; quando vemos uma situação em que o rico fica mais rico, esse é o fenômeno em ação. Considere que a maioria dos setores possui mais de seis concorrentes, mas geralmente mais de 75% da fonte de lucro é capturada pelos dois primeiros. Desses dois, aquele com o maior poder de mercado normalmente captura 70% do lucro total e 75% dos lucros acima do custo de capital. Quando a Dometic se concentrou em um mercado definido no qual poderia assumir posição de liderança, seguiram-se enormes benefícios financeiros.

Sua nova fórmula de crescimento ofereceu o mesmo tipo de repetitividade que a antiga oferecia. Lembre-se de que o primeiro foco da Dometic foram as aplicações da refrigeração por absorção, que ela buscou em diversos produtos, e um deles era o trailer. A nova fórmula passou para uma seqüência de componentes interiores para a base de clientes de trailers. Recentemente, como as vendas de trailers diminuíram, a Dometic passou para os sistemas de interiores para veículos "moradia" em geral, incluindo barcos e caminhões para longas viagens.

Onde os ativos se escondem

A importância dos ativos negligenciados, subvalorizados ou subutilizados de uma empresa para a regeneração estratégica não pode passar despercebida. Em 21 das 25 empresas examinadas, um ativo oculto foi a peça central da nova estratégia.

Algumas de suas histórias são bem conhecidas. Alguns anos atrás, uma Apple em dificuldades percebeu que seu talento para o software, projetos de produtos amigáveis ao usuário e marketing imaginativo poderia ser aplicado a algo além dos computadores – em particular, a um pequeno dispositivo para ouvir música. Hoje o negócio de música da Apple baseado no iPod é responsável por quase 50% da receita da empresa e 40% dos lucros – uma nova atividade principal. O Global Services Group da IBM já foi uma minúscula unidade de operações de serviços e rede, nem mesmo um negócio independente da IBM. Em 2001 ele era maior do que todos os negócios da IBM e responsável por aproximadamente dois terços do valor de mercado da empresa.

Por que até mesmo as empresas tradicionais teriam ativos ocultos? Esses ativos não deveriam ter sido utilizados ou descartados há muito tempo? Na verdade, as organizações grandes e complexas sempre adquirem mais habilidade, capacidades e plataformas de negócio do que podem focalizar em determinado momento. Alguns são necessariamente negligenciados – e uma vez que foram negligenciados por um tempo, os líderes de uma empresa geralmente continuam a ignorá-los ou desconsideram seu valor. Mas então algo acontece: as condições de mercado se alteram e talvez a empresa adquira novas capacidades que complementam as capacidades esquecidas. De repente, os patinhos feios no fundo do quintal começam a parecer cisnes em treinamento.

A verdadeira pergunta, então, é como abrir os olhos da gerência para os ativos ocultos na empresa. Uma maneira é identificar os campos mais férteis. Nossa pesquisa sugere que os ativos ocultos costumam se enquadrar em três categorias: plataformas de negócio subvalorizadas, insights inexplorados sobre os clientes e capacidades pouco exploradas. O quadro "Onde se encontra seu futuro?" mostra os detalhes desses tipos de ativos explorados em cada categoria. Para um melhor entendimento de como esses ativos surgem, examinemos alguns exemplos individuais.

PLATAFORMAS DE NEGÓCIO SUBVALORIZADAS

A PerkinElmer foi líder de mercado em ótica eletrônica para instrumentos analíticos como espectrômetros e cromatografia gasosa. Sua competência em ótica era tão grande que a empresa foi escolhida para fabricar os espelhos do telescópio espacial

Hubble e os equipamentos de observação da NASA. No entanto, em 1993, a PerkinElmer, com suas principais linhas de produto sob o ataque de concorrentes mais inovadores e de baixo custo, simplesmente parou. As receitas permaneceram em $1,2 bilhão, exatamente onde estavam dez anos atrás, e o valor de mercado da empresa se deteriorou juntamente com os lucros; o resultado financeiro mostrou prejuízo de $83 milhões em 1993. Em 1995, o Conselho de Administração contratou um novo CEO, Tony White, para renovar a estratégia e o desempenho da empresa e, caso necessário, redefinir completamente a atividade principal.

Onde se encontra seu futuro?

Se a atividade principal de seu negócio estiver próxima da exaustão, poderá ser muito tentador aventurar-se para longe dela – *contar com uma grande aquisição, por exemplo, para estabelecer uma base em um setor novo e próspero. Mas a história da transformação corporativa mostra que você tem mais chances de ser bem-sucedido se buscar a mudança em seu próprio quintal.*

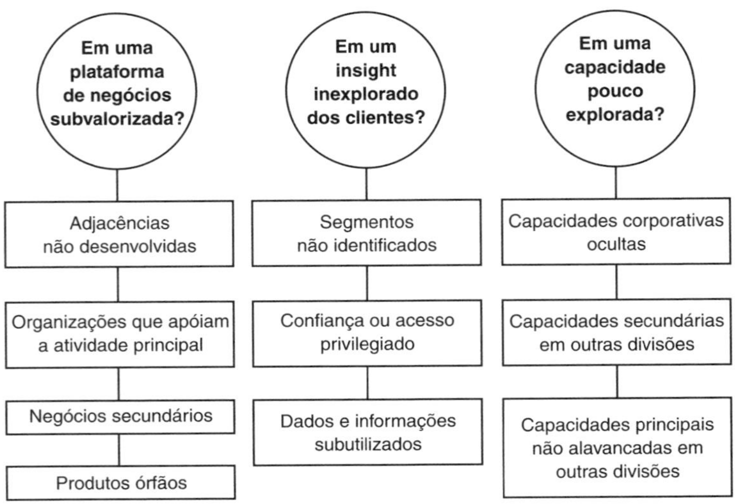

Quando White examinou a variedade das linhas de produtos e os segmentos de clientes atendidos, ele notou um ativo oculto que poderia salvar a empresa. No início da década de 1990, a PerkinElmer havia se ramificado em outra direção – o desenvolvimento de produtos para amplificar o DNA – por meio da aliança estratégica com a Cetus Corporation. Nesse processo, a empresa obteve os direitos de um procedimento avançado conhecido como reação em cadeia da polimerase – uma plataforma essencial para as ciências biológicas. Em 1993, ela também adquiriu uma pequena empresa de equipamentos biológicos do Vale do Silício, a Applied Biosystems (AB) – mais uma linha de instrumentos a ser integrada à PerkinElmer.

White começou a redefinir uma atividade principal em torno de instrumentos analíticos para o segmento em rápida expansão dos laboratórios de ciências biológicas. O negócio de instrumentos AB, se fosse reconhecido e recebesse orientação e recursos apropriados, poderia ter potencial ainda maior do que a atividade principal. White diz: "Fiquei espantado com o erro de julgamento em desmontar a AB e distribuir suas partes por todas as funções da organização. Pensei: 'Eis aqui uma empresa cuja gerência não enxerga o que tem.' Assim, um dos primeiros passos que tomei foi começar a reunir as partes da AB. Nomeei um novo presidente para a divisão e anunciei que remodelaria a atividade principal da empresa, no período de três anos, em torno de sua plataforma única com liderança na principal tecnologia de detecção biológica."

Durante os três anos seguintes, White e sua equipe dividiram a atividade principal original e todos os produtos e serviços de ciências biológicas em duas organizações. Os empregados da divisão de instrumentos analíticos receberam incentivos para alcançar uma meta agressiva de redução de custos e fluxo de caixa e foram informados de que a divisão se tornaria um negócio separado ou seria vendida para um parceiro mais forte. Enquanto isso, White estabeleceu uma nova subsidiária de dados e diagnósticos, a Celera Genomics, a qual, motivada pela paixão do cientista Craig Venter, notoriamente realizou a seqüência completa do genoma humano. A Celera e a AB foram fundidas em uma nova atividade principal, uma holding batizada de Applera.

Enquanto a Celera colecionava manchetes, a AB se tornava padrão ouro no negócio de instrumento de seqüenciamento, com a maior participação de mercado. Hoje ela possui receita de $1,9 bilhão e um saudável lucro líquido de $275 milhões. Enquanto isso, a empresa original de instrumentos foi vendida à EG&G, sediada em Massachusetts. (Logo depois, a EG&G mudou seu nome comercial para PerkinElmer. Desde então, vem prosperando a partir de uma combinação que redefiniu sua atividade principal.)

A transformação de PerkinElmer a Applera oferece várias lições. A primeira é que um ativo oculto pode ser uma coleção de produtos e relacionamentos com o cliente em diferentes áreas de uma empresa que pode ser reunida para formar uma nova atividade principal. A segunda lição é o poder da liderança de mercado: a descoberta de uma segunda atividade principal escondida na empresa e sua edificação focada criou algo que começou menor do que a combinação original, mas se tornou muito maior e mais forte. A terceira lição está relacionada ao conceito de reduzir para crescer. Embora pareça contraditório e difícil de lidar em termos de organização, ela é uma das estratégias de crescimento menos utilizadas e menos valorizadas. (Veja "Reduzir para crescer" no final deste capítulo.)

A criação de uma nova atividade principal baseada em uma plataforma negligenciada é mais comum do que podemos imaginar. A General Electric, por exemplo, assim como a IBM, identificou uma unidade de negócios interna – a GE Capital – que era subvalorizada e subutilizada. Motivada por um novo foco e investimento, a divisão, que antes se encontrava estagnada, realizou mais de 170 aquisições em um período de dez anos e impulsionou o crescimento da GE. Em 2005 a GE Capital foi responsável por 35% dos lucros da corporação. A Nestlé descobriu que possuía várias linhas de alimentos e bebidas projetadas para serem consumidas fora de casa. Como a PerkinElmer, ela reuniu esses produtos em uma nova unidade, a Nestlé Food Services, desenvolveu uma estratégia unificada e efetivamente criou uma atividade principal multibilionária.

INSIGHTS INEXPLORADOS SOBRE OS CLIENTES

A maioria das grandes empresas acumula quantidades consideráveis de dados sobre as pessoas e os negócios que compram seus produtos. Mas nem sempre é claro o quanto elas realmente sabem sobre esses clientes. Em uma série recente de seminários de negócios que realizei para equipes gerenciais, os participantes se submeteram a um levantamento on-line. Embora quase todos fizessem parte de empresas bem conceituadas, menos de 25% concordaram com uma afirmação simples: "nós entendemos nossos clientes". Em um levantamento da Bain de 2004, pedimos aos entrevistados que identificassem as capacidades mais importantes que suas empresas poderiam adquirir para desencadear uma nova onda de crescimento. "Capacidade para entender mais profundamente nossos principais clientes" foi a primeira da lista.

Apenas por essa razão, os insights sobre os relacionamentos com os clientes freqüentemente são ativos ocultos. Uma empresa pode descobrir que um segmento de clientes negligenciado possui a chave para um crescimento sem precedentes. Ela pode descobrir que ele se encontra em posição de influência sobre seus clientes devido talvez à confiança e à reputação de que ela desfruta, e que isso não está totalmente desenvolvido nessa posição, ou ela pode descobrir que possui dados exclusivos que podem ser utilizados para alterar, aprofundar ou ampliar seus relacionamentos com o cliente. Tudo isso pode estimular o crescimento em torno da nova atividade principal.

A Harman International, fabricante de equipamentos de áudio de alta qualidade, redefiniu sua atividade principal em torno de um segmento de clientes inexplorado. No início da década de 1990, ela se concentrava principalmente nos mercados de áudio profissional e de consumo, com menos de 10% da receita proveniente do mercado de equipamentos originais para automóveis. Mas seu crescimento se estagnou e seus lucros eram quase nulos. Em 1993, Sidney Harman, o co-fundador que havia deixado a empresa para atuar como subsecretário de Comércio dos Estados Unidos, retornou como CEO em uma tentativa de rejuvenescer a empresa.

Harman lançou um olhar curioso sobre o segmento automotivo. Ele percebeu que as pessoas estavam passando mais tempo em seus carros e que muitos motoristas adoravam música e estavam acostumados a possuir equipamentos de alta qualidade em casa. Na esperança de reforçar as vendas da empresa nesse segmento, ele adquiriu a empresa alemã Becker, que fornecia rádios para a Mercedes-Benz. Um dia, quando Harman estava visitando sua fábrica, alguns engenheiros da Becker demonstraram como o novo hardware digital permitiu que a empresa criasse um equipamento de áudio de alto desempenho em um espaço muito menor. Esse, disse Harman, foi o momento decisivo. Ele investiu pesado nos equipamentos digitais para criar sistemas automotivos de "infotenimento" de alta qualidade. Os sistemas provaram ser um sucesso tanto para os compradores de carros quanto para os fabricantes de carro, que desfrutaram de grandes margens sobre o equipamento. Devido principalmente a seu sucesso no mercado automotivo, o valor de mercado da Harman aumentou 40 vezes de 1993 a 2005.

É claro que é algo incomum encontrar um segmento de clientes inexplorado que esteja pronto para apresentar crescimento tão rápido. Mas não é nem um pouco incomum uma empresa descobrir que seus relacionamentos com os clientes são mais profundos do que imaginavam ou que ela possui mais conhecimento sobre os clientes do que foi utilizado. A Hyperion Solutions, desenvolvedora de software financeiro, foi capaz de reinventar seu negócio em torno de novos produtos e uma nova plataforma de vendas e serviços exatamente porque os departamentos de finanças corporativas se tornaram dependentes de seus softwares para a consolidação financeira e os relatórios da SEC.* "Subestimamos totalmente o quanto eles dependem de nós para essa parte do trabalho muito técnico e delicado", diz Jeff Rodek, ex-CEO e atual chairman da Hyperion. A American Express transformou seu negócio de cartões de crédito com base em seu conhecimento não utilizado sobre como os diferentes segmentos de clientes utilizavam os cartões e quais outros produtos os atraíam. Mesmo a De Beers, conhecida por suas práticas de monopolização no setor de diamantes, recentemente redefiniu sua atividade principal em torno dos relacionamentos com o cliente e o consumidor. A De Beers, é claro, possuía um relacionamento de longa data com todos no setor. Quando seu cenário competitivo mudou com o surgimento de novos competidores, os líderes da De Beers, Nicky Oppenheimer e Gary Ralfe, decidiram utilizar a forte marca e sua imagem, e relacionamentos exclusivos, como base para uma grande redefinição estratégica. A empresa liquidou 80% do estoque – estoque que permitiu por tanto tempo que ela estabilizasse os preços dos diamantes – e criou um novo modelo de negócios. Ela construiu sua marca por meio da propaganda, desenvolveu novas idéias de produtos para seus distribuidores e joalherias e patrocinou campanhas publicitárias para vender esses produtos aos consumidores. Como resultado, o valor estimado do negócio de diamantes da De Beers aumentou quase dez vezes. A empresa ainda está no negócio da venda de diamantes brutos, mas sua atividade principal não está mais relacionada ao controle de mercadorias – está relacionada ao atendimento de clientes e consumidores.

**Nota do Tradutor:* Securities and Exchange Commission, órgão norte-americano equivalente à nossa CVM – Comissão de Valores Mobiliários.

CAPACIDADES INEXPLORADAS

As plataformas de negócios e os insights ocultos sobre os clientes são ativos que as empresas já possuem; na teoria, basta os gerentes descobri-los e utilizá-los. As capacidades – a habilidade de desempenhar determinadas tarefas repetidamente – são diferentes. Toda capacidade está potencialmente disponível a qualquer empresa; o que importa é o modo como cada empresa combina várias capacidades em "sistemas de atividades", como Michael Porter as chama, ou seja, combinações de processos de negócios que criam uma vantagem competitiva difícil de ser replicada. A fórmula de sucesso da IKEA, Porter argumentou em seu artigo da HBR de 1996 "What is Strategy?", pode estar ligada a um conjunto sólido e singular de capacidades relacionadas, incluindo a obtenção de recursos globais, *design for assembly,** logística e gestão de custos.

Uma capacidade inexplorada, portanto, somente pode ser um gerador de crescimento se puder se combinar com outras capacidades da empresa para produzir algo nitidamente novo e melhor. Considere o exemplo da empresa dinamarquesa Novozymes, líder mundial no desenvolvimento e na produção de enzimas de alta qualidade. Quando se separou de sua empresa controladora em 2000, a Novozymes ainda dependia principalmente das enzimas básicas de tecnologia relativamente baixa, como as utilizadas em detergentes.

Steen Riisgaard, CEO da empresa, resolveu mudar isso e a chave foi a capacidade científica subutilizada da Novozymes. Riisgaard focou a P&D da empresa na criação de enzimas especializadas geneticamente modificadas. Seus cientistas trabalharam em estreito contato com os clientes para projetar enzimas seguindo precisamente suas especificações. Se um cliente quisesse remover manchas de óleo na lavagem em temperaturas ex-

---

**Nota do Tradutor*: Processo em que os produtos são projetados com menos peças visando a montagem mais rápida e fácil, tornando-os, assim, mais baratos.

cepcionalmente baixas, por exemplo, a Novozymes poderia coletar microorganismos produtores de enzimas de todas as partes do mundo, determinar qual produziria a enzima mais próxima da exigida, remover os genes relevantes, inseri-los no organismo e, de forma segura, produzir as enzimas em grande quantidade. Riisgaard comparou os processos para encontrar a agulha no palheiro. A diferença é que a Novozymes utiliza tecnologia de ponta para selecionar o palheiro e acelerar a busca. Tais capacidades reduziram o tempo de desenvolvimento do produto de cinco para dois anos e diferenciaram a Novozymes de seus concorrentes.

É claro que uma empresa pode achar que necessita adquirir novas capacidades para complementar aquelas que já possui antes de poder criar um poderoso sistema de atividades. A Apple indiscutivelmente capitalizou seus pontos fortes em concepção, gestão de marcas, interface com o usuário e um software elegante e fácil de utilizar para criar o iPod. Mas também era necessária a expertise no negócio de música e na gestão de direitos digitais. Em posse dessas capacidades, a Apple obteve acesso ao conteúdo ao fechar contratos com as quatro maiores gravadoras antes que os concorrentes pudessem fazê-lo e desenvolveu o iTunes Music Store. Ela também criou uma brilhante abordagem funcional à gestão de direitos digitais com seu software Fairplay, que assegura que as gravadoras obtenham um fluxo de receita altamente controlável. Essa combinação de capacidades existentes e novas permitiu a transformação da Apple.

A melhor forma de desenvolvimento de capacidades é criar um conjunto único de capacidades – não mais ocultos – que poderia criar uma plataforma de crescimento após a outra, repetidamente, proporcionando à empresa uma vantagem competitiva em múltiplos mercados. Embora difícil, isso é muito tentador; na verdade, provou-se o canto da sereia para muitos. Mas algumas empresas, como Emerson Electric, Valspar, Medtronic e Johnson & Johnson, conseguiram evitar o perigo. Um exemplo menos conhecido é a Danaher, que há apenas 20 anos era uma empresa de médio porte com receita de $617 milhões e quase todo seu negócio concentrado nos mercados de ferramentas industriais. A Danaher desenvolveu um conjunto de procedimentos com o qual poderia identificar as aquisições e, então, agregar valor às empresas adquiridas por meio do famoso Danaher Business System. O sistema possui várias fases e dimensões, incluindo valores culturais, aumento da produtividade, técnicas de obtenção de recursos e uma abordagem diferenciada para mensuração e controle. Ele permitiu a Danaher expandir-se para seis plataformas estratégicas e 102 subunidades, cobrindo uma vasta gama de aplicações industriais, desde testes eletrônicos até serviços ambientais. O preço das ações da empresa subiu mais de 5.000% desde 1987, ultrapassando o desempenho do mercado em mais de 5 vezes.

É de certa forma irritante observar como os ativos examinados aqui – a plataforma subvalorizada da PerkinElmer, os insights inexplorados sobre os clientes da Harman, as capacidades pouco exploradas da Novozymes – podem ser tão óbvios em uma visão retrospectiva e, no entanto, ter sido tão difíceis de avaliar na época. Você está mais bem preparado para ver o que está debaixo de seu nariz? Uma coisa parece clara: sua próxima atividade principal não se apresentará ao som de uma fanfarra. É mais provável que você a encontre por meio de auditoria meticulosa nas áreas descritas neste capítulo.

O primeiro passo é lançar uma luz nos cantos escuros de seu negócio e identificar os ativos que são candidatos à nova atividade principal. Uma vez identificados, esses ativos devem ser avaliados. Eles apresentam o potencial de uma diferenciação clara e mensurável em relação à concorrência? Eles podem oferecer um valor agregado tangível para seus clientes? Existe uma sólida fonte de lucros que pode ajudar em sua meta? Você pode adquirir capacidades adicionais necessárias para implementar a redefinição? Como os quatro fundamentos de uma boa tacada de golfe, cada um desses requisitos parecem fáceis de serem satisfeitos; a dificuldade se encontra em satisfazer todos os quatro de uma só vez. A redefinição da Apple com base no iPod teve sucesso precisamente porque a empresa pôde responder cada questão afirmativamente. Uma resposta negativa a qualquer uma delas poderia ter arruinado todo o esforço.

O crescente dever de gerenciar

Aprender a fazer essas avaliações e tomar medidas graduais e confiantes em direção a uma nova atividade principal está cada vez mais ligado à condução da gerência corporativa. Veja, por exemplo, o destino das empresas da *Fortune* 500 em 1994. Uma equipe de pesquisadores da Bain descobriu que, depois de uma década, 153 dessas empresas ou faliram ou foram adquiridas e outras 130 realizaram mudança fundamental na estratégia de sua atividade central. Em outras palavras, cerca de seis em cada dez empresas enfrentaram sérias ameaças a sua sobrevivência ou sua independência durante essa década e apenas metade desse grupo foi capaz de abordar a ameaça de forma bem-sucedida ao redefinir sua atividade principal.

Por que tantas empresas enfrentam a necessidade de se transformar? Considere o ciclo por que passam as empresa de vida longa: elas prosperam inicialmente ao se concentrarem implacavelmente no que fazem melhor; depois, ao expandir a atividade principal, e, então, quando a atividade principal perde sua relevância, ao se redefinirem e se concentrarem em uma outra atividade principal. Parece claro que esse ciclo foco-expansão-redefinição vem se acelerando ao longo do tempo. As empresas passam de uma fase para outra mais rapidamente do que antes. As forças por trás da aceleração são em grande parte bem conhecidas. As novas tecnologias reduzem os custos e diminuem os ciclos de vida do produto. Os novos concorrentes – atualmente na China e na Índia – abalam todo o setor. O capital, a inovação e o talento gerencial fluem mais livre e rapidamente ao redor do mundo. A agitação causada por tudo isso é abrangente. O período médio de manutenção de uma ação ordinária diminuiu de três anos na década de 1980 para nove meses nos dias de hoje. O tempo médio de vida das empresas caiu de 14 anos para um pouco mais do que 10 e o tempo médio de gestão dos CEOs reduziu de oito anos, há uma década, para menos de cinco hoje em dia.

Os líderes corporativos estão muito conscientes dessas ondas de mudança e de suas conseqüências. Em 2004, eu e meus colegas realizamos um levantamento com 259 executivos seniores ao redor do mundo sobre os desafios que eles enfrentam. Mais de 80% indicou que a vida produtiva de suas estratégias estava ficando mais curta. Setenta e dois por cento acreditavam que seus principais concorrentes estariam em empresas diferentes em cinco anos. Sessenta e cinco por cento acreditavam que seria preciso reestruturar o modelo de negócios que servia seus clientes principais. À medida que o ciclo foco-expansão-redefinição continua a ganhar velocidade, a cada ano haverá mais empresas na fatídica terceira fase, onde a definição é essencial. Para a maioria, a solução se encontra nos ativos que não estão à vista – em negócios negligenciados, insights não utilizados sobre o cliente e capacidades latentes que, uma vez explorados, podem impulsionar um novo crescimento.

Reduzir para crescer

QUANDO UMA EMPRESA descobre uma fonte subutilizada de economia da liderança, às vezes a melhor reação é "dobrar" os investimentos nessa área. Uma versão ousada para isso seria, na verdade, reduzir para crescer. Veja o exemplo da Royal Vopak.

Se não pertencer à indústria petrolífera ou química, você pode não conhecer a Vopak, mas ela é o líder mundial em armazenagem de petróleo ou substâncias químicas em tanques independentes, operando em 75 portos desde Roterdã a Houston e Cingapura. A Vopak tem suas raízes na época em que a Holanda era o país mais rico e poderoso do mundo, devido a seu papel como centro marítimo e comercial com o Extremo Oriente. As origens da Vopak pertencem a uma empresa fundada em 1616 por um grupo de carregadores nas docas de Amsterdã com a intenção de carregar e descarregar os navios.

Em 2000, a Vopak estava exibindo vendas de €5,6 bilhões, com atuação em expedição, distribuição de substâncias químicas e instalações portuárias de armazenagem. Seu negócio de armazenagem era o mais lucrativo. Quando os lucros da Vopak caíram e o preço de suas ações sofreu sérias pressões, despencando de €25 em junho de 1999 para €12 em julho de 2002, a empresa tomou uma medida decisiva. Ela liquidou tudo menos o negócio de armazenagem, reduzindo o volume de vendas da empresa para €750 milhões. Mas a Vopak não parou por aí: ela vendeu até mesmo alguns armazéns, reduzindo ainda mais seu tamanho.

Qual foi o resultado? Surpreendentemente, o valor de mercado da empresa ultrapassou seu patamar original, quando o preço das ações retornou a €30 em maio de 2006. Além disso, o negócio mais sólido e mais bem financiado começou a crescer novamente – organicamente e também por meio de aquisições e novos portos. Durante a primeira metade de 2006, a receita da Vopak aumentou em 17% e seu lucro em 28%, em um setor com crescimento essencialmente lento. O chairman John Paul Broeders disse: "Sem a redução inicial, jamais criaríamos os recursos, o foco gerencial e a plataforma estável para começar a crescer novamente."

As estratégias de reduzir para crescer não têm um fim em si mesmas, mas podem preparar o caminho para a redefinição. Essas medidas têm grande probabilidade de sucesso em se tratando de aumentar o valor da empresa e liberar uma das atividades principais para fortalecer e crescer, contanto que recebam recursos adicionais. Aliás, os outros três dos 25 casos estudados de redefinições bem-sucedidas contaram com esta tática: PerkinElmer, Samsung e GUS.

Sete passos para uma nova atividade principal

1. Defina a atividade principal de seu negócio. Entre em consenso sobre o verdadeiro estado da atividade principal.
2. Avalie o potencial total da atividade principal e a durabilidade de sua principal diferenciação.
3. Desenvolva um ponto de vista sobre o futuro e defina o *status quo*.
4. Identifique todo o leque de opções para redefinir a atividade principal interna e externamente.
5. Identifique seus ativos ocultos e se eles podem criar ou habilitar novas opções.
6. Utilize critérios essenciais (liderança, fonte de lucro, repetitividade, chances de implementação) ao decidir quais ativos empregar na redefinição de sua atividade principal.
7. Estabeleça um *program office** para ajudar a iniciar, acompanhar e gerenciar as correções de curso.

Publicado originalmente em abril de 2007
Reimpressão R0704D

**Nota do Tradutor*: Grupo formado dentro da organização responsável por assegurar que os projetos sejam conduzidos de acordo com a estratégia da empresa.

Como conduzir mudanças quando o negócio vai bem

Uma entrevista com Samuel J. Palmisano

PAUL HEMP
THOMAS A. STEWART

Sumário executivo

LOU GERSTNER era inigualável. Como CEO no que foi possivelmente o pior momento da IBM, Gerstner tirou a empresa da beira do precipício. Depois de quase dez anos violentos, em que a fabricante de grandes máquinas se redefiniu como abrangente provedora de serviços, de software e de hardware, o negócio parecia bem. Assim, o desafio para Sam Palmisano, quando assumiu como CEO, em 2002, era sugerir as instruções para a segunda transformação na empresa.

Seu primeiro objetivo foi fazer as diferentes partes da empresa trabalharem juntas para que a IBM pudesse oferecer aos clientes "soluções integradas" – hardware, software, serviços e financiamento – por um único preço. Como parte desse esforço, pediu a todos os 320 mil empregados, em 170 países, que contribuíssem para um novo conjunto de valores corporativos compartilhados.

Durante um período de 72 horas, milhares de empregados da IBM em todo o mundo ouviram Palmisano e sua equipe de executivos em uma discussão pela intranet apelidada de "ValuesJam", um animado debate sobre o corpo e a alma da empresa. Depois de 24 horas nesse exercício, no mínimo, um executivo sênior queria encerrar o debate. A reunião claramente havia afetado as emoções dos empregados, gerando discórdia, rancor e descontentamento.

Palmisano deixou que a discussão continuasse e, no dia seguinte, os ânimos começaram a mudar. As críticas se tornaram mais construtivas. De milhões de palavras proferidas na reunião brotou um conjunto de valores, como Palmisano explica nesta entrevista, cujo propósito é guiar as decisões operacionais tomadas pelos empregados da IBM – e, o mais importante, seguir as instruções de Palmisano para continuar a reinvenção da empresa.

Em julho de 2003, a International Business Machines Corporation conduziu um experimento de 72 horas cujo resultado foi incerto, como acontece nos laboratórios de pesquisa. Depois de seis meses em análise integrada de sua organização administrativa, a IBM realizou uma discussão de três dias, pela intranet corporativa, sobre os valores da empresa. A ValuesJam reuniu milhares de empregados em um debate sobre a própria natureza da gigante dos computadores e o que isso significa.

Durantes os três dias, estima-se que 50 mil empregados da IBM – incluindo o CEO Sam Palmisano – participaram da reunião, postando quase 10 mil comentários sobre os valores propostos. A reunião claramente afetou as emoções.

Mas houve séria discordância. Alguns comentários foram simplesmente sarcásticos, como: "O único valor que a IMB possui hoje é o preço das ações", "Valores da empresa (duvido)". Outros, no entanto, abordaram questões administrativas fundamentais. "Acho que falamos muito sobre confiança e assumir riscos, mas, ao mesmo tempo, temos auditorias intermináveis, os erros são passíveis de punição e não são aceitos como parte do aprendizado e os gerentes (e outros) são constantemente observados", escreveu um empregado. "Parece que existe grande relutância entre os executivos juniores em desafiar os pontos de vista de nossos executivos seniores", disse outro. "Ouvi várias vezes expressões como: 'Você diria a Sam que essa estratégia não é boa!!?'" Depois de 24 horas nesse exercício, no mínimo, um executivo sênior queria encerrar o debate.

Mas Palmisano não deu ouvidos, e então os ânimos começaram a mudar. Depois de um dia pontuado por críticas, deixando a pressão sair, as contra-argumentações começaram a pesar mais. Embora admitindo as deficiências da empresa, eles argumentaram que grande parte da cultura e dos valores da IBM merecia ser preservada. "Logo depois de me juntar à IBM, 18 anos atrás", uma pessoa escreveu, "fui chamado para participar de um júri. Quando me aproximei da banca e respondi as perguntas do advogado, fiquei surpreso quando o juiz disse: 'Podem escolher quem vocês quiserem, mas eu quero esse da IBM em meu júri.' Nunca senti tanto orgulho. Sua afirmação disse tudo: integridade, excelência e qualidade". Comentários como esse se tornaram mais freqüentes, as críticas se tornaram mais construtivas e o diálogo na ValuesJam se estabilizou.

As questões sobre o que merecia ser preservado e o que precisava ser mudado estavam no coração da ValuesJam. Em 1914 – quando a empresa fabricava máquinas de tabulação, balanças para pesar carne e cortadores de queijo – o presidente Thomas Watson ditou três princípios corporativos chamados de Crenças Básicas (Basic Beliefs): "respeito ao indivíduo", "o melhor atendimento ao cliente" e "busca pela excelência". Isso inspirou a cultura da IBM e ajudou a impulsionar seu sucesso por mais de meio século.

Em 2002, quando Palmisano assumiu como CEO, muita coisa aconteceu na Big Blue. No início da década de 1990, a empresa sofreu o pior revés de sua história e, então, sob o comando de Lou Gerstner, ela se recuperou completamente e se transformou de fabricante de mainframes em um robusto provedor de soluções integradas de hardware, software e rede. Palmisano achou que as Crenças Básicas ainda poderiam servir à empresa – mas, agora, como a base para um novo conjunto de valores corporativos que poderia estimular os empregados ainda mais do que em sua experiência de quase-morte. Em busca de um equivalente para os dias de hoje, Palmisano inicialmente questionou 300 de seus executivos seniores e rapidamente abriu a discussão, por meio de um levantamento com mais de mil empregados, a fim de ter uma idéia de como as pessoas em todos os níveis, funções e lugares expressariam os valores da IBM e suas aspirações para a empresa. Dessa pesquisa surgiram as propostas que foram debatidas na ValuesJam.

Após – e mesmo durante – a reunião, os analistas da empresa estudaram as mensagens, buscando, entre os milhões de palavras, os temas essenciais. Finalmente, uma pequena equipe que incluía Palmisano sugeriu um conjunto revisado de valores corporativos. O CEO anunciou os novos valores aos empregados em uma transmis-

são pela intranet em novembro de 2003: "dedicação ao sucesso de cada cliente", "inovação que importa – a nossa empresa e ao mundo", "confiança e responsabilidade pessoal em todos os relacionamentos". É sensacional? Não, mas é imbuída em legitimidade e cheia de significado e implicações para a IBM.

Para provar que os novos valores eram mais do que uma fachada, Palmisano imediatamente realizou algumas mudanças. Ele chamou a diretora de uma grande unidade de negócios – serviços de hospedagem de e-business para o setor industrial dos Estados Unidos – e a encarregou da identificação das lacunas entre os valores e as práticas da empresa. Sem rodeios, disse a seus 15 subordinados diretos que eles deveriam fazer o mesmo. Outra reunião on-line foi realizada em outubro de 2004 (a qual foi apelidada informalmente de "logjam"), em que os empregados foram solicitados a identificar as barreiras organizacionais à inovação e ao crescimento da receita.

Embora Palmisano, por conta própria, esteja criando uma estratégia esboçada por Gerstner, os estilos de liderança desses dois homens são muito diferentes. Sob o comando de Gerstner, havia pouco diálogo expansivo sobre a tradição da IBM. Ele era um estranho, ex-CEO da RJR Nabisco e ex-consultor da McKinsey que se deparou com a assombrosa tarefa de salvar o navio de um naufrágio. Na verdade, ele observou de forma memorável, logo depois de sua posse, que "a última coisa de que a IBM precisa neste momento é uma visão". Palmisano, pelo contrário, é um dedicado empregado da IBM, que iniciou na empresa em 1973 como vendedor em Baltimore. Como muitos de sua geração que se sentiram profundamente humilhados quando a IBM foi colocada de joelhos no início da década de 1990, ele claramente possuía um apego visceral pela empresa – e pela esperança de que um dia recobraria sua grandiosidade. Ao mesmo tempo, o ex-vendedor é, nas palavras de um colega, "um sujeito orientado aos negócios, que faz milagres para conseguir fechar um negócio": não é uma pessoa com quem você esperaria manter um assunto subjetivo como "confiança".

Nesta conversa com o editor sênior da HBR, Paul Hemp, e o editor da HBR, Thomas A. Stewart, Palmisano fala sobre a importância estratégica dos valores para a IBM. Ele começa explicando como – e por que – os indicadores financeiros determinísticos e os valores corporativos transitórios podem coexistir.

Os valores corporativos geralmente são afirmações para nos sentirmos bem e não tem quase efeito algum nas operações da empresa. O que o fez – o que o faz – pensar que eles possam ser mais do que isso?

Veja o retrato de Tom Watson em nosso saguão. Nunca vi um homem tão austero. Seus olhos na pintura parecem ver através de você. Ele não era um indivíduo maleável, era um capitalista. Ele queria que a IBM ganhasse dinheiro, muito dinheiro. Mas ele foi observador o suficiente para construir uma empresa de modo que pudesse assegurar sua prosperidade muito tempo depois que saísse de cena. Suas três Crenças Básicas conduziram a empresa, de forma bem-sucedida, por meio de mudanças constantes e freqüentes reinvenções por mais de 50 anos.

Um sistema orgânico – ou seja, uma empresa – precisa se adaptar, e achamos que os valores – é assim que nós os chamamos hoje na IBM, mas você pode chamá-los de "crenças" ou "princípios" ou "preceitos" ou mesmo "DNA" – nos possibilitam fazer isso. Eles permitem que você mude tudo, desde seus produtos até suas estratégias e seu modelo de negócios, mas se mantêm verdadeiros a sua essência, sua missão básica e sua identidade.

Infelizmente, ao longo das décadas, as Crenças Básicas de Watson foram distorcidas e adquiriram vida própria. "Respeito pelo indivíduo" se tornou um direito social: é um trabalho nada justo, sem a chance de falar abertamente; mas é um emprego garantido e com promoções determinadas pela cultura. "A busca pela excelência" se tornou arrogância: paramos de ouvir nossos mercados, nossos clientes e uns aos outros. Fomos tão bem-sucedidos por tanto tempo que nunca pudemos enxergar outro ponto de vista. Quando o mercado mudou, quase perdemos o negócio. Tivemos que cortar a força de trabalho de mais de 400 mil pessoas pela metade. Em um período de vários anos, eliminamos o equivalente a uma cidade de médio porte – digamos, Providence, Rhode Island.

Se você tivesse sobrevivido a isso, como eu, seria fácil perceber como os valores da empresa se tornaram parte do problema, mas acredito que os valores podem, mais uma vez, ajudar a nos conduzir a uma grande mudança e vencer alguns dos desafios formidáveis que enfrentamos.

Por exemplo, sinto que um forte sistema de valores é crucial para unir e motivar uma força de trabalho tão numerosa e diversificada como a nossa se tornou. Possuímos quase um terço de milhão de empregados servindo clientes em 170 países. Quarenta por cento dessas pessoas não se reportam diretamente ao site da IBM; eles trabalham com os clientes, de casa ou nas ruas. Talvez o mais significativo, considerando a tradição da IBM de contratar e treinar jovens para uma vida inteira de trabalho, seja que metade de nossos atuais empregados está na empresa há menos de cinco anos devido às recentes aquisições e a nossa prática relativamente recente de contratar profissionais especializados. Em um ano modesto de contratações, adicionamos 20 mil a 25 mil pessoas.

Na essência, vocês estão gradualmente repovoando Providence, Rhode Island!

Exatamente. Assim, como você direciona essa diversidade de talentos e experiências em constante mudança para uma meta em comum? Como você faz as pessoas perseguirem *intensamente* essas metas?

Você pode empregar todos os tipos dos tradicionais processos gerenciais top-down, mas eles não funcionariam na IBM – ou, eu diria, em um número cada vez maior de empresas do século XXI. Você simplesmente não pode impor mecanismos de comando e controle em uma força de trabalho ampla e altamente profissional. Não estou falando apenas de nossos cientistas, engenheiros e consultores, mas de 200 mil de nossos empregados que possuem diplomas universitários. O CEO não pode dizer a eles: "Entrem em forma e me sigam" ou "*Eu* decidi quais serão *seus* valores". Eles são muito espertos para isso. Como você sabe, pessoas mais espertas tendem a ser, digamos, um pouco mais desafiadoras ou, até mesmo, céticas.

Mas mesmo que nosso pessoal aceitasse esse tipo de sistema gerencial tradicional e hierárquico, nossos clientes não aceitariam. Conforme aprendemos na IBM ao longo dos anos, um sistema top-down pode criar uma burocracia sufocante que não permite a agilidade, a flexibilidade e a inovação que os clientes exigem hoje em dia.

Então você está dizendo que os valores tratam do modo como os empregados se comportam quando a gerência não está presente, o que não pode ser – e não deveria ser – considerando o tamanho da IBM e sua necessidade de que as pessoas tomem decisões rapidamente. Você está basicamente falando sobre utilizar os valores para gerenciar.

Sim. Um sistema gerencial baseado em valores. Vamos abordar a questão por um ângulo diferente. Se você pensar bem, não existe uma maneira ótima de organizar a IBM. Tradicionalmente somos vistos como uma empresa grande, bem-sucedida e "bem gerenciada". Isso era um elogio, mas, no ambiente atual de rápidas mudanças, isso é um problema. Você pode facilmente acabar entrando em uma burocracia em que as pessoas analisam demais os problemas e tornam mais lento o processo de tomada de decisões.

Considere nossa matriz organizacional. Lembre-se de que operamos em 170 países. Para simplificar, diremos que temos 60 ou 70 linhas de produtos principais. Temos mais de uma dúzia de segmentos de clientes. Bem, ao mapear toda a matriz tridimensional, você obterá mais de 100 mil células – as células nas quais você precisa fechar os informes de lucros e perdas todos os dias, tomar decisões, alocar recursos e resolver dilemas. Você deixará as pessoas loucas ao tentar gerenciar, de forma centralizada, cada uma dessas interseções.

Dessa forma, já que não há como otimizar a IBM por meio da estrutura organizacional ou por determinação da gerência, você terá que dar poder às pessoas enquanto assegura que elas estejam tomando as decisões corretas, da maneira correta. Quando digo "correta", não estou falando apenas sobre a ética e o cumprimento das leis; eles são o mínimo. Estou falando de decisões que apóiam e dão vida à marca e à estratégia da IBM, decisões que moldam a cultura. É por isso que os valores, para nós, não são temporários. Eles são a base do que fazemos, nossa missão como empresa. Eles são um ponto de referência para o processo decisório descentralizado. Isso costumava ser a regra prática de que "as pessoas não fazem o que você espera; elas fazem o que você inspeciona". O que quero dizer é que simplesmente não é mais possível inspecionar todas as pessoas. Mas você também não pode apenas soltar as rédeas e deixar que as pessoas façam o que quiserem sem orientação ou contexto. É preciso criar um sistema gerencial que dê poderes às pessoas e forneça uma base para a tomada de decisões que seja consistente com o que somos na IBM.

Como os novos valores ajudam a promover a estratégia da IBM?

Principalmente, de duas maneiras. Cerca de 12 anos atrás, três quintos de nosso negócio era de hardware de computadores e aproximadamente dois quintos, de software e serviços. Hoje, esses números estão mais que invertidos. Bem, se três quintos de seu negócio for de fabricação, a gerência será basicamente de supervisão. "Você faz isso. Você faz aquilo." Mas isso não funciona mais quando seu negócio é baseado principalmente no conhecimento. Seu modelo de negócios também muda radicalmente.

Em primeiro lugar, as pessoas – e não os produtos – tornam-se sua marca. Assim como nossos produtos tiveram de ser consistentes com a promessa da marca, nossas pessoas também –

agora, mais do que nunca. Uma maneira de assegurar isso é informar seu comportamento com um conjunto de valores globalmente consistentes.

Em segundo lugar, o setor de TI continua a se deslocar em direção à reintegração. Todos nós conhecemos a história de como o setor se fragmentou nas décadas de 1980 e 1990, com empresas diferentes vendendo processadores, dispositivos de armazenamento de dados e o software que compõe o sistema de computador – quase aniquilando a IBM, a empresa de computadores verticalmente integrada. Agora os clientes estão exigindo um pacote de produtos e serviços de computador de uma única empresa, uma empresa que pode oferecer solução integrada para os problemas em seus negócios. Essa é uma grande oportunidade para a IBM. É provável que tenhamos a gama mais ampla de produtos e serviços e conhecimento de computadores. Mas isso também é um desafio. Como podemos fazer nosso pessoal, em unidades de negócios mais remotas, com metas financeiras e incentivos diferentes, trabalhar junto em equipes que possam oferecer, por um único preço, uma solução abrangente e customizada – uma que não mostre as "costuras" de nossa organização?

As empresas geralmente enfrentam a questão da integração da força de trabalho depois de uma grande fusão. Precisamos integrar nossa atual força de trabalho como resposta estratégica à reintegração do setor. Não é surpreendente o fato de eu não ter pensando que a resposta estivesse em uma nova estrutura organizacional ou em mais supervisão administrativa. O que você precisa estimular nesse tipo de cooperação é um conjunto de diretrizes sobre o modo de tomar decisões regularmente. Em outras palavras, valores.

E o que acontece quando a estratégia muda?

Ah, é por isso que o conjunto certo de valores é tão importante. Sempre haverá uma nova estratégia prestes a surgir à medida que o mercado e as tecnologias mudam. Assim, queremos valores que encorajem uma organização capaz de executar rapidamente uma nova estratégia. Ao mesmo tempo, queremos valores que, como as Crenças Básicas de Watson, sejam duradouros, guiem a empresa no decorrer dos ciclos econômicos e das mudanças geopolíticas e transcendam as mudanças em produtos, tecnologias, empregados e líderes.

Como a IBM destila novos valores de suas tradições passadas e dos feedbacks atuais dos empregados?

A última vez que a IBM examinou seus valores foi quase um século atrás. Watson foi um empreendedor, liderando o que era, no jargão atual, uma start-up. Assim, em 1914, ele simplesmente disse: "Eis aqui nossas crenças. Aprendam-nas. Sigam-nas." Isso foi apropriado em sua época e, sem dúvida alguma, funcionou. Mas, 90 anos mais tarde, não podemos ter alguém na matriz que no meio da noite diga: "Eis aqui nossos novos valores!" Não podemos brincar com o DNA de uma empresa como a IBM. Tínhamos que encontrar uma maneira de fazer os empregados criarem o sistema de valores, determinarem os princípios da empresa. As Crenças Básicas de Watson, não importa quão distorcidas se tornariam ao longo dos anos, tinham de ser o ponto de partida.

Depois de obter as contribuições dos 300 altos executivos e conduzir grupos de foco com mais de mil empregados – uma amostra estatisticamente representativa – chegamos a três valores perfeitamente sólidos. (Para uma descrição detalhada de como a IBM passou das Crenças Básicas para seu novo conjunto de valores, veja "Continuidade e Mudança", no final deste capítulo.) Mas eu sabia que eventualmente lançaríamos as declarações de valores a todos na empresa para um debate. Foi aí que a ValuesJam entrou – essa conversa ao vivo pela intranet, envolvendo toda a empresa.

Qual foi sua participação durante a reunião? Você não teve a impressão de que abriu a caixa de Pandora?

Eu a acessei da China, já que o *jet lag* não me deixava dormir. Então entrei e já havia mensagens sobre vários assuntos, particularmente sobre os clientes. (Para uma seleção de mensagens de Palmisano durante a ValuesJam, veja "Sam entra na briga", no final deste capítulo.) Realmente, a discussão estava quente, controversa e confusa. Mas era preciso se conformar com isso. Entenda que já realizamos três ou quatro reuniões on-line como essa, então já tínhamos idéia de quão animadas elas poderiam ficar. Mesmo assim, nenhuma delas poderia ter nos preparado para as emoções liberadas por esse tópico.

Você tinha que colocar seu ego de lado – nada fácil para um CEO – e perceber que essa era a melhor coisa que poderia ter acontecido. Você poderia dizer: "Oh, meu Deus, eu liberei essa incrível energia negativa" ou "Oh, meu Deus, agora tenho esse incrível mandato para conduzir ainda mais mudanças na empresa".

Quando Lou Gerstner entrou, em 1993, a plataforma estava claramente pegando fogo. Na verdade, o lugar todo estava em chamas. Havia até conversas sobre a cisão da empresa, e ele reagiu de forma brilhante. Ele era um estranho que conseguira mobilizar o empenho coletivo de dezenas de milhares de pessoas como eu para salvar essa empresa e dar a volta por cima: sem dúvida alguma, um dos maiores resgates na história corporativa. Mas o truque não foi criar um senso de urgência – nós já tínhamos isso. Talvez fosse necessário tirar as pessoas do trauma. Mas a maioria dos empregados da IBM estava disposta a fazer o que fosse necessário para salvar a empresa, sem contar os próprios empregos. Havia muito orgulho em jogo. A tarefa de Lou foi, principalmente, convencer as pessoas de que estavam realizando as mudanças corretas.

Depois que as coisas melhoraram, havia outro tipo de perigo: nós voltaríamos a ser complacentes. À medida que nossos resultados financeiros melhoraram e começamos a ultrapassar o desempenho de nossos concorrentes, as pessoas – já fatigadas por quase uma década de mudanças – diziam: "Bem, por que eu tenho que fazer as coisas de forma diferente agora? A liderança pode ser diferente, mas a estratégia é fundamentalmente sólida. Por que mudar?" Esse é, a propósito, um problema enfrentado por qualquer um que administra uma empresa bem-sucedida.

Assim, o desafio mudou. Em vez de motivar as pessoas pelo medo do fracasso, é preciso motivá-las pela esperança e aspiração. Você apresenta a oportunidade de voltarmos a ser uma grande empresa – a maior do mundo, que era o que a IBM costumava ser. Você espera que as pessoas sintam a mesma necessidade, a urgência para chegar lá. Bem, acho que hoje os empregados da IBM sentem essa urgência. Talvez a grande contribuição da reunião tenha sido tornar esse fato inequivocamente claro para todos nós, muito visível, em público.

Quais foram os principais tópicos do debate – ou discórdia? Houve realmente um notável consenso sobre *o que* todos valorizamos. O debate não foi tanto sobre os valores em si, foi sobre a disposição e a capacidade de a IBM seguir esses valores.

Por exemplo, as pessoas pareciam entender a necessidade de reintegrar a empresa, mas houve reclamações – reclamações justificáveis – sobre as coisas que estavam bloqueando o caminho. As pessoas descreveram situações extremamente frustrantes. Elas disseram algo como: "Estou em Tóquio, fazendo o protótipo de um software para um cliente, e preciso *imediatamente* de um engenheiro de software, de Austin, para ajudar na configuração de um servidor de alta densid ade. Não posso simplesmente dizer: 'Por favor, venha a Tóquio me ajudar'. Preciso obter aprovação para poder pagar seu departamento por seu tempo!"

Existe uma impaciência coletiva de que estamos explorando para impulsionar a mudança necessária para tornar a IBM tudo aquilo que desejamos que seja. Estou convencido de que não chegaríamos a esse ponto se não tivéssemos encontrado uma forma de envolver toda a população da IBM em uma conversa franca e autêntica.

A propósito, possuir uma intranet globalmente acessível como a nossa certamente ajudou, mas a tecnologia não é o principal. Acho que teríamos encontrado uma maneira de ter esse diálogo envolvendo toda a empresa se a Web não existisse. (Para uma explicação sobre o funcionamento da reunião, veja "Gerenciando a ValuesJam", no final deste capítulo.)

O que aconteceu depois da reunião?

Bem, obtivemos uma montanha de comentários dos empregados. A equipe analisou todos eles e ficou claro que as declarações de valores sugeridas precisavam mudar para refletir algumas das nuances e emoções que as pessoas expressaram. Assim, inspirada nessa análise, juntamente com o feedback de outros empregados, uma pequena equipe criou os novos valores corporativos da IBM.

O primeiro valor é "dedicação ao sucesso de cada cliente". Por um lado, ele é bem direto: reunir toda a capacidade da IBM – no laboratório, no cliente, no escritório etc. – para ajudar a resolver os problemas difíceis que os clientes não possam resolver sozinhos. Mas isso é muito mais do que a conhecida alegação de atendimento irrestrito ao cliente. O "sucesso do cliente" não é simplesmente "o cliente está sempre certo". Isso significa manter um relacionamento de longo prazo em que o que acontece depois do acordo é mais importante do que acontece antes de ele ser assinado. Isso significa foco constante nos resultados. Isso significa investir pessoalmente no sucesso de seu cliente, incluindo o modo como seus contratos são estruturados e como você será pago.

O segundo é a "inovação que importa – a nossa empresa e ao mundo". Quando os empregados falam sobre como a IBM afeta o mundo, eles vão além de nosso trabalho de inventar e criar grandes produtos. Eles falam sobre como o trabalho afeta as pessoas e a sociedade, como podemos ajudar a salvar vidas – por exemplo, por meio de nosso trabalho de vanguarda com a Mayo Clinic ao ajudar os governos a lutarem contra o terrorismo com nossa tecnologia de dados. É principalmente devido a esse tipo de inovação que somos capazes de atrair grandes cientistas. Eles podem fazer coisas legais e talvez ganhar mais dinheiro no Vale do Silício – por um tempo, de qualquer forma – mas na IBM eles podem fazer um trabalho que realmente muda os negócios e a sociedade. Também se refere àquilo que mencionei anteriormente: uma atitude continuamente experimental em relação à própria IBM. Durante grande parte de nossos 90 anos, com a exceção daquele período em que nos tornamos arrogantes e complacentes, essa empresa nunca parou de questionar as hipóteses, de tentar modelos diferentes, de testar seus limites – seja na tecnologia, nos negócios ou nas políticas de trabalho inovadoras. Os empregados nos lembram que essas coisas são inovações que importam, pelo menos, tanto quanto os novos produtos.

O terceiro valor é "confiança e responsabilidade pessoal em todos os relacionamentos". Há muito significado nessa afirmação, também. É interessante notar que o feedback dos empregados sobre esse valor se concentrara nos relacionamentos entre as pessoas na IBM. Mas também estamos falando sobre os relacionamentos da empresa com os fornecedores, com os investidores, com o governo, com as comunidades.

Publicamos os valores em sua forma definitiva – juntamente com alguns detalhes sobre eles e algumas mensagens dos empregados na reunião – em novembro de 2003. Nos dez dias seguintes, mais de 200 mil pessoas baixaram o documento eletrônico. As respostas simplesmente não paravam de chegar, tanto na forma de mensagens na internet quanto de milhares de e-mails enviados diretamente a mim, nos dizendo, freqüentemente em linguagem ríspida, onde as operações da IBM não alcançaram, ou eram conflitantes com, esses ideais. Alguns desses comentários foram dolorosos de ler. Mas, novamente, exibiram algo que todo líder deve apreciar: as pessoas aqui não são complacentes com o futuro da empresa. Os comentários foram, de modo geral, muito ponderados.

O que você fez com esses feedbacks?

Nós os reunimos e comparamos. Imprimi todos eles – a pilha de papel tinha 1m de altura – e os levei para casa para ler no final de semana. Na segunda-feira de manhã, entrei na reunião do comitê executivo e joguei a pilha na mesa. Eu disse: "Vocês têm que ler cada um desses comentários. Se acham que conhecemos bem esse lugar, pensem novamente."

Não me entenda mal. A paixão nesses e-mails era tanto positiva quanto negativa. As pessoas diziam, literalmente: "Estou em lágrimas. Esses valores descrevem a empresa a que me juntei, a empresa em que acredito. Nós realmente podemos torná-la grandiosa novamente. Mas temos todos esses obstáculos em nosso caminho. . . ." A forte emoção em alguns dos e-mails foi algo realmente impressionante.

Mas ao liberar toda essa frustração e energia, induzir as pessoas a terem esperança em algo com que elas realmente se preocupam, é melhor estar preparado para fazer algo em troca. Assim, nos meses seguintes à conclusão dos valores, anunciamos algumas iniciativas que começaram a fechar as lacunas.

Apelidei uma delas de nossa "aposta de $100 milhões na confiança". Continuávamos a ouvir situações como a de nosso colega em Tóquio, que precisava da ajuda de um engenheiro em Austin, casos em que os empregados não conseguiram responder rapidamente às necessidades dos clientes por causa dos processos de controle que exigem vários níveis de aprovação gerencial. O dinheiro geralmente seria aprovado, mas tarde demais. Assim alocamos aos gerentes até $5 mil, anualmente, que eles poderiam gastar, sem precisar justificar, para responder às situações extraordinárias que ajudariam a gerar negócios, desenvolver relacionamentos com os clientes ou a responder à emergência de um colega. Conduzimos um projeto-piloto por alguns meses com nossas 700 equipes voltadas para os clientes e eles gastaram o dinheiro de forma inteligente. Existem muitos exemplos de equipes fechando bons negócios e encantando os clientes com uma pequena quantidade de "dinheiro solto" para gastar como quiserem. Então, com base no sucesso do projeto-piloto, expandimos o programa para todos os 22 mil gerentes de primeira linha da IBM.

Você pode fazer a conta: $5 mil vezes 22 mil gerentes é um grande número. Estou certo de que existem algumas pessoas na empresa que disseram: "Precisamos manter esse número sob controle". Mas elas não são o CEO. Sim, você precisa de controles financeiros. Sim, nem todo dólar gasto do Managers' Value Fund (Fundo de Valor dos Gerentes) produzirá retorno tangível. Mas estou confiante de que permitir aos gerentes assumirem alguns riscos razoáveis e confiar em suas decisões será recompensador. O programa também prova um ponto: o de que vivemos de acordo com nossos valores.

O valor de "confiança e responsabilidade pessoal em todos os relacionamentos" – incluindo aqueles com os acionistas da IBM – levou a outra iniciativa: uma mudança no modo como concedemos opções sobre ações a altos executivos. Depois de contatar muitos especialistas externos para estudar isso (e concluir que os algoritmos complicados que eles recomendaram eram fantásticos se você quisesse contratá-los como consultores permanentes, mas terríveis se você quisesse uma fórmula simples para alinhar o comportamento executivo como os interesses dos acionistas), chegamos a uma idéia objetiva. Os executivos seniores se beneficiarão com suas opções apenas depois que os acionistas obtiverem pelo menos 10% de crescimento sobre seus investimentos – ou seja, se o preço de exercício da opção for 10% maior do que o preço de mercado naquele dia, as opções serão emitidas. Veja por este ângulo: o valor de mercado da IBM teria que aumentar em $17 bilhões a partir daquela data, antes que qualquer executivo obtivesse um centavo de benefício. Acho que somos a primeira grande empresa a tomar medida tão radical – e ela nasceu de nossos valores.

Vou lhe dar mais um exemplo. Pode não parecer grande coisa, mas, para nós, foi radical. Revisamos o modo como estabelecíamos os preços. Ouvimos inúmeras vezes dos empregados como era difícil elaborar uma solução padronizada e amigável ao cliente que envolvesse uma variedade de produtos e serviços a um preço único, com tudo incluso. Não conseguíamos fazê-lo. Cada unidade de marca possuía seu próprio informe de lucros e perdas e todas as pessoas que determinam os preços eram organizadas por marca. Lembra-se das 100 mil células em nossa matriz tridimensional? Nosso pessoal desmantelava suas propostas interorganizacionais e processando em nosso sistema contábil-financeiro como propostas separadas para os produtos e serviços individuais. Isso era loucura, pois é nossa capacidade de oferecer tudo – hardware, software, serviços e financiamento – que nos oferece verdadeira vantagem. Quando oferecemos cada uma dessas partes separadamente, enfrentamos nossos rivais de igual para igual, por produto: a EMC, em armazenagem, por exemplo, ou a Accenture, em serviços. Isso estava arrancando o coração de nossa estratégia de integração, sem contar nosso tipo exclusivo de inovação que une o negócio com a tecnologia.

Vou lhe dar um exemplo engraçado (se não for um tanto triste). Todo executivo sênior é responsável por pelo menos um grande cliente – nós os chamamos de "partnership accounts". Nosso CFO anterior, John Joyce, que agora dirige o negócio de serviços da IBM, fechou um acordo com seu cliente que envolvia alguns hardwares, alguns softwares e alguns serviços. Disseram-lhe que ele não poderia precificá-lo como uma solução integrada. Ele era o CFO! Assim, encontramos uma maneira de determinar um preço único para cada oferta integrada.

Isso parece uma grande medida corporativa. Mas o que tem a ver com os valores? Você não teria eventualmente concluído que teria que fazer isso de qualquer forma?

Para ser honesto, estávamos discutindo a questão do preço no nível executivo por muito tempo. Mas não fizemos nada sobre isso. A iniciativa dos valores nos forçou a confrontar a questão e nos incentivou a realizar a mudança. Sempre existem operações e mentalidades arraigadas em qualquer organização – e não me importo se é uma empresa, uma universidade ou um governo. Bem, os valores e a reunião foram grandes veículos impulsionadores. Uma pequena empresa nesse meio vale $15 bilhões e uma grande empresa vale $40 bilhões. Assim, você tem vice-presidentes seniores conduzindo empresas do porte da *Fortune* 500 que não estão necessariamente buscando idéias brilhantes do CEO ou de alguma força-tarefa todos os dias. Mas quando você ouve tantas coisas de nosso pessoal da linha de frente, não pode simplesmente ignorá-las. Eles estão gritando: "Dizemos que valorizamos o 'sucesso do cliente' e queremos aumentar nosso negócio, e isso aqui está entrando no caminho de ambas as coisas!" Você tem que prestar atenção – se não for em mim, então neles.

Desse modo, reunimos as pessoas que determinam os preços para as propostas de clientes e dissemos a elas: "Vocês trabalham para a IBM. Quando existe uma proposta interoganizacional com múltiplos produtos, vocês determinam o preço na demonstração do resultado da IBM e não na demonstração do resultado de cada produto." É claro que isso envolveu uma série de reuniões muito difíceis com os executivos seniores. Houve grande debate entre o pessoal das finanças sobre todas as razões pelas quais não poderíamos fazer isso: "Será muito trabalhoso realocar todos os custos e a receita do projeto de volta aos centros de lucros individuais." Eles estão certos: não é fácil. Especialmente quando temos que certificar tudo. Mas o CFO estava do meu lado nesse caso, afinal de contas ele viu o problema pessoalmente! Realizamos a mudança e, assim, quando fazemos uma proposta realmente interorganizacional, podemos otimizá-la para o cliente e para nós.

Isso nos leva de volta à tensão entre os valores transitórios e os indicadores financeiros determinísticos. No longo prazo, eles não entrariam em conflito, mas, no caminho, os dois estarão se esmurrando, afinal, as pessoas ainda precisam mostrar os resultados.

Certamente não há como evitar isso em uma iniciativa comercial. Mas acho que os valores equilibram a cultura da empresa e o sistema gerencial: o equilíbrio entre a transação de curto prazo e o relacionamento de longo prazo, o equilíbrio entre os interesses dos acionistas, empregados e clientes. Em cada caso, você deve decidir. Os valores ajudam a tomar essas decisões, não de forma assistemática, mas de forma consistente com sua cultura e marca, com a identidade de sua empresa.

Veja como remuneramos nossos diretores-gerentes, que são responsáveis por nossos maiores relacionamentos com os clientes. Decidimos calcular a metade de sua remuneração não em uma base anual, mas em três anos seguidos. Pedimos aos clientes que graduassem o desempenho do diretor-gerente no final de um projeto ou contrato, que poderia durar mais que um ano, e isso tem um peso muito grande em seu bônus. Assim, grande parte de sua remuneração baseia-se em uma combinação da lucratividade do projeto – se o gerente atingiu suas metas anuais – com a satisfação do cliente em um horizonte de longo prazo. O diretor-gerente não pode sacrificar um pelo outro.

Assim, tentamos manter o equilíbrio no sistema para assegurar que as coisas não sejam completamente orientadas pelos resultados financeiros de curto prazo. Mas você está totalmente certo: há momentos em que as pessoas discordarão: "Ei! Vocês estão nos empurrando em ambas as direções." É um debate válido. Acho, no entanto, que o melhor lugar para realizar esse debate é nos níveis mais baixos de sua organização, pois é onde essas decisões são tomadas e causam impacto. Milhares dessas interações ocorrem todos os dias e nenhum de nós na alta administração jamais saberá ou deverá saber sobre elas. Mas você espera que os valores estejam oferecendo um contrapeso para o desejo de lucratividade de curto prazo em todas essas interações. Acho que o longo prazo, possuindo ou não uma cultura orientada pelos valores, é o que determina se você é vencedor ou perdedor.

Vocês possuem novos valores por quase um ano. Eles já criaram fortes emoções e altas expectativas. Qual é o prognóstico?

Acabamos de iniciar um processo que provavelmente levará de 10 a 15 anos. Eu estava de volta à Ásia pouco tempo atrás e realizei uma dessas reuniões abertas com os empregados da IBM, na qual conversamos sobre valores. Provavelmente, dois terços das pessoas claramente os conheciam e haviam lido sobre eles. Mas um terço das pessoas – você pode ver em suas expressões – nem mesmo havia ouvido falar em valores ou, pelo menos, os valores ainda não tinham repercutido. Então temos trabalho a fazer, e não só memorizar as três declarações essenciais. Precisamos trabalhar muito para reduzir a distância entre nossos valores declarados e a realidade da IBM. Essa é a essência de tudo isso.

Sei que nem todos de minha equipe de executivos estão tão entusiasmados com a iniciativa de valores como eu – embora eles nunca admitam! Mas as pessoas na equipe sênior que viveram a experiência de quase-morte da IBM farão qualquer coisa para que isso não aconteça de novo. O golpe no orgulho de todos quando a IBM se tornou motivo de escárnio do mundo corporativo foi quase insuportável. Não recebo resistência alguma da equipe sênior às iniciativas que possam evitar que isso se repita. Nosso trabalho com os valores é uma das iniciativas mais importantes.

Veja a reação dos empregados a ValuesJam. Existe um anseio inequívoco de sermos uma grande empresa. Quero dizer, por que as pessoas se juntaram à IBM ao longo dos anos? Há muitos lugares para ganhar dinheiro, se essa for a motivação. Por que vir aqui?

Acredito que é porque eles querem fazer parte de uma empresa voltada para o futuro e que faz diferença no mundo. Eles querem estar em um tipo de empresa que apóia a pesquisa e ganha Prêmios Nobel, que muda a maneira de pensar das pessoas em relação ao próprio negócio, que está disposta a manter posição firme sobre uma questão impopular baseada nos princípios.

Na década de 1950, Watson Jr. escreveu aos governadores dos estados sulinos que a IBM não aderiria às leis de segregação e, então, a empresa decretou sua política de oportunidades iguais antes que fosse exigida pela lei. Tenho de acreditar que uma empresa que foi concebida dessa forma, e que é gerenciada seriamente pelo mesmo critério, possui forte apelo para muitas pessoas. Não podemos oferecer a promessa de riqueza imediata, que poderia ser obtida em uma start-up ou em um emprego vitalício, como nos velhos tempos, mas podemos oferecer algo em que valha a pena acreditar e para o qual valha a pena o empenho.

Se tivermos mais pessoas na empresa entusiasmadas com isso, elas puxarão o resto da empresa com elas. Se elas se tornarem dedicadas a esses valores e ao que estamos tentando realizar, poderei dormir confiante em nosso futuro.

Continuidade e mudança

OS NOVOS VALORES DA IBM surgiram de uma longa tradição. Em 1914, Thomas Watson, o fundador da moderna International Business Machines Corporation, lançou os três princípios conhecidos como Crenças Básicas:

- Respeito pelo indivíduo
- O melhor atendimento ao cliente
- A busca pela excelência

Embora essas crenças tivessem desempenhado papel significativo para impulsionar o sucesso da IBM ao longo de quase um século, elas eventualmente foram tomadas – e, praticamente, redefinidas – por uma mentalidade de concessão de direitos e uma arrogância dentro da organização. Isso, de acordo com o CEO Sam Palmisano, contribuiu para o fracasso da empresa em reagir às mudanças do mercado no início da década de 1990 e para sua quase extinção.

Em fevereiro de 2003, quase um ano depois de sua posse como CEO, em uma reunião com 300 altos executivos da IBM, Palmisano levantou a idéia de reinventar os valores da empresa como uma maneira de gerenciar e reintegrar o disperso e diversificado empreendimento. Ele apresentou quatro conceitos, três deles obtidos das Crenças Básicas de Watson, como as bases possíveis para os novos valores:

- Respeito
- Cliente
- Excelência
- Inovação

Eles foram testados por meio de levantamentos e grupos de foco que envolveram mais de mil empregados da IBM. A noção de "respeito" foi descartada por causa de suas conotações no passado. Também foi decidido que declarações, em vez de simples palavras, seriam mais convincentes.

A partir desse processo surgiram as três propostas de valores discutidas na ValuesJam, em de julho de 2003:

- Compromisso como o cliente
- Excelência por meio da inovação
- Integridade que merece confiança

Utilizando uma ferramenta especialmente personalizada para "analisar reuniões" – baseada no software e-classifier da IBM, mas "turbinado" com funcionalidades adicionais projetadas para processar um conteúdo em constante mudança – os analistas da IBM trituraram os milhões de palavras publicadas durante a ValuesJam.

Alguns temas vieram à tona. Por exemplo, muitas pessoas disseram que um silo lançava mentalmente uma unidade de negócios contra a outra, em detrimento da IBM como um todo. Várias pessoas caracterizaram isso como uma questão de confiança. Mas o valor proposto "integridade que merece confiança" foi criticado como sendo muito vago. Alguns acharam que era apenas outra maneira de dizer "respeito ao indivíduo", uma das Crenças Básicas que muitos consideravam ultrapassadas. A noção de confiança foi vista como muito introspectiva – a gerência confiando em seus empregados – e não detalhista o suficiente em termos de como os empregados deveriam se comportar em relação aos outros ou em relação aos parceiros externos.

Inspirado nessas análises, nos resultados dos levantamentos anteriores e posteriores à reunião e na leitura completa das transcrições, uma pequena equipe, com contribuições de Palmisano, chegou a um conjunto revisado de novos valores corporativos:

- Dedicação ao sucesso de cada cliente
- Inovação que importa – a nossa empresa e ao mundo
- Confiança e responsabilidade pessoal em todos os relacionamentos

Eles foram publicados na intranet da empresa em novembro de 2003.

Sam entra na briga

O CEO DA IBM, SAM PALMISANO, estava a negócios na China durante a ValuesJam e participou de lá. A seguir apresentamos alguns de seus comentários sobre vários tópicos levantados pelos empregados:

SIM, os valores são importantes!!!!! (6 respostas)

Samuel J. Palmisano 29 jul. 2003 20:00 GMT

Boa discussão sobre a necessidade de valores/princípios/crenças etc. As pessoas podem ser muito cínicas e sarcásticas sobre esse tipo de assunto, mas agradeço os comentários ponderados e construtivos que estou vendo. Pessoalmente, acredito que os "valores" deveriam envolver o papel mais amplo da empresa no mundo – em relação aos clientes, sociedade, cultura etc. – e também o modo como as pessoas trabalham juntas. Espero que essa discussão eleve as ambições da IBM sobre sua missão no século XXI. Temos uma oportunidade inigualável para a IBM determinar o ritmo para TODAS as empresas, não apenas as de tecnologia.

Fazendo o que é certo para os clientes... (21 respostas)

Samuel J. Palmisano 29 jul. 2003 20:07:00 GMT

No começo de minha carreira, quando estava em campo, em Baltimore, um de nossos sistemas falhou para um cliente da área de cuidados com a saúde. O cliente iniciou os processos manuais, mas disse que começariam a perder pacientes dentro de um hora se o sistema não fosse consertado. O gerente da filial chamou um de nossos concorrentes e solicitou outro sistema. Assim, duas equipes da IBM trabalharam lado a lado. Uma para consertar o sistema e outra para trazer o novo. O gerente não perguntou à matriz o que fazer. Foi uma grande lição sobre até onde a empresa chegará para ajudar um cliente em um momento difícil. A propósito, consertamos o sistema a tempo.

Integridade/confiança em todos os nossos relacionamentos é importante!!! (44 respostas)

Samuel J. Palmisano 29 jul. 2003 20:12:00 GMT

Uma discussão muito interessante. Algo que estou notando e também estava no feedback transmitido: não são muitos que estão falando sobre a integridade e confiança em relação aos OUTROS relacionamentos que são a chave para o sucesso da IBM – clientes, comunidades onde vivemos, proprietários de empresa etc. Alguma idéia sobre o porquê disso? Será que estamos muito introspectivos?

Um mundo sem IBM???? (35 respostas)

Samuel J. Palmisano 29 jul. 2003 20:20:00 GMT

Um mundo sem IBM? O setor pararia de crescer, pois ninguém inventaria algo que funcionasse por mais de TRÊS MINUTOS. Um mundo sem IBM significa um mundo sem adultos... Um mundo sem IBM significa um mundo sem uma verdadeira empresa global que traga crescimento econômico, respeito, progresso para as sociedades em toda parte... Um mundo sem IBM significa um mundo sem um lugar para trabalhar para centenas de milhares de pessoas que querem mais que um emprego, que querem FAZER DIFERENÇA no mundo.

Sugestões para Sam (9 respostas)
Samuel J. Palmisano 29 jul. 2003 20:25:00 GMT

Steve, você apresentou bons argumentos sobre como/quando vencemos... Podemos eliminar mais burocracia se todos nos comportarmos como adultos maduros e levarmos em conta TODOS OS INTERESSES DA IBM EM PRIMEIRO LUGAR... clientes, empregados, acionistas, e fizermos o que for correto pelos interesses de LONGO PRAZO da empresa. Os gerentes possuem o importante papel de encorajar esse tipo de comportamento... Você tem meu apoio.

Gerenciando a ValuesJam

A IBM JÁ HAVIA EXPERIMENTANDO as *jam sessions* – discussões relativamente desestruturadas sobre assuntos abrangentes com os empregados – tanto na intranet corporativa quanto em sessões presenciais de brainstorm fora da empresa. Mas a ValuesJam de 72 horas, realizada em julho de 2003, foi a mais ambiciosa e focalizou a própria natureza da IBM e seu futuro.

Uma coisa estava clara: você não seria capaz de orquestrar um fórum como esse, o equivalente verbal de uma *jam session* improvisada com os músicos de jazz. Nas palavras do CEO Sam Palmisano: "Ela simplesmente foi um sucesso." Mas, assim como uma *jam* musical, o diálogo foi motivado por vários temas:

Fórum 1. Valores da empresa
Valores corporativos existem? Se existirem, como são estabelecidos? A maioria das empresas atuais possui declarações de valores. Mas como uma empresa seria ou agiria para realmente seguir suas crenças? É importante para a IBM concordar com um conjunto de valores duradouros que motive tudo o que faz?

Fórum 2. Um primeiro esboço

Quais valores são essenciais para o que a IBM precisa se tornar? Considere esta lista: 1. Compromisso com o cliente. 2. Excelência por meio da inovação. 3. Integridade que merece confiança. Como esses valores poderiam mudar o modo como agimos ou as decisões que tomamos? Está faltando alguma nuance ou aspecto importante?

Fórum 3. O impacto de uma empresa

Se nossa empresa desaparecesse hoje, como o mundo seria diferente amanhã? Existe algo sobre nossa empresa que represente uma contribuição para o mundo?

Fórum 4. O padrão ouro

Quando a IBM está em sua melhor forma? Quando você teve mais orgulho de fazer parte da IBM? O que aconteceu e o que foi singularmente significativo sobre isso? O que precisamos fazer – ou mudar – para sermos padrão ouro de hoje em diante?

Publicado originalmente em dezembro de 2004
Reimpressão R0412C

Como as decisões rotineiras dos gerentes criam – ou destroem – a estratégia de uma empresa

JOSEPH L. BOWER
CLARK G. GILBERT

Sumário executivo

OS EXECUTIVOS seniores há tempos estão frustrados com a dissociação entre os planos e as estratégias que elaboram e o comportamento real dos gerentes em toda a empresa. Este capítulo aborda o problema de cima para baixo, reconhecendo que, sempre que um gerente aloca recursos, a decisão alinha ou desalinha a empresa em relação à estratégia anunciada.

Uma história conhecida – a saída da Intel do negócio de memória – ilustra o tema. Quando discutiam sobre os negócios em que a Intel deveria atuar, Andy Grove perguntou a Gordon Moore o que fariam se a Intel fosse uma empresa que tivessem acabado de adquirir. Quando Moore respondeu: "Sair do negócio de memória", eles decidiram fazer isso mesmo. No entanto, ao que se constatou, a receita da Intel com memória era, naquela época, de apenas 4% do total das vendas. Os gerentes dos níveis inferiores da Intel já haviam saído do negócio. O que a Intel não havia feito era encerrar o fluxo de financiamento para pesquisa sobre memória (que ainda estava abocanhando um terço de todas as despesas com pesquisas) e anunciar ao mundo a saída.

Como os gerentes operacionais e de divisão – bem como os clientes e o mercado de capitais – têm impacto tão poderoso sobre a estratégia da empresa, a alta administração pode achar melhor reduzir o foco na estratégia formal da empresa e se concentrar mais nos processos pelos quais a empresa aloca recursos. Os altos executivos devem conhecer o histórico das pessoas que estão fazendo as propostas de alocação de recursos; reconhecer as questões estratégicas em jogo; fazer os gerentes operacionais trabalharem além dos limites das divisões; estruturar questões de recurso para refletir a perspectiva corporativa, especialmente quando grandes somas de dinheiro estão envolvidas e as condições são muito incertas, e criar um novo contexto que permita aos altos executivos contornarem o processo normal de alocação de recursos quando necessário.

NOSSA HISTÓRIA FAVORITA sobre como uma estratégia realmente é criada vem de uma visita feita por um de nós – o autor principal – à matriz de uma grande empresa. O controller da empresa estava preocupado e confuso sobre a proposta de projeto de capital que ele havia recebido recentemente de uma das divisões mais importantes da empresa: uma solicitação de uma grande chaminé. Apenas uma chaminé. Curiosamente, o controller visitou a divisão e descobriu que seus gerentes haviam construído uma fábrica completa (menos a chaminé) utilizando ordens de serviço que não exigiam aprovação. A chaminé era a única parte da fábrica que não poderia ser dividida em pedaços pequenos o suficiente para escapar ao escrutínio corporativo.

Os gerentes de divisão aparentemente estavam ansiosos para dar prosseguimento ao novo negócio e haviam perdido as esperanças de obter a aprovação em um intervalo de tempo razoável. Convencidos de que a nova capacidade era necessária, os gerentes encontraram uma maneira de construir a fábrica, mas ainda precisavam da chaminé. No final, os gerentes de divisão demonstraram que estavam certos sobre a necessidade de uma nova capacidade e também sobre a necessidade de rapidez. A chaminé foi eventualmente aprovada. Mas quem (o controller pensou consigo mesmo) estava administrando a empresa?

Levamos muitos anos tentando responder a questão. Nesse caso, os gerentes de divisão pareciam estar no comando, pelo menos em sua própria divisão. Mas, geralmente, a resposta é mais complicada: os executivos seniores, gerentes de divisão e gerentes operacionais, todos desempenham um papel na decisão de quais oportunidades a empresa perseguirá e quais deixará de lado (uma definição razoável de "estratégia" no mundo real). A propósito, o mesmo acontece com os clientes e os mercados de capitais. O que descobrimos em todos os nossos estudos é que o modo como o negócio *realmente* é realizado tem pouca relação com a estratégia desenvolvida pelo alto escalão. Em vez disso, a estratégia é produzida, passo a passo, à medida que os gerentes de todos os níveis da empresa – seja ela uma pequena empresa ou uma grande multinacional – alocam recursos às políticas, programas, pessoas e instalações. Por isso ser verdadeiro, a alta administração pode considerar reduzir o foco na formulação da estratégia formal da empresa e prestar mais atenção nos processos pelos quais a empresa aloca os recursos. Os altos executivos nunca estarão em posição de tomar todas as decisões de alocação de recursos – nem deveriam. Mas eles devem aprender a identificar e influenciar os gerentes de todos os níveis que podem alterar para sempre o futuro de uma empresa.

Como as estratégias são criadas e por quê

Uma história um tanto longa ajudará a esclarecer a relação entre a alocação de recursos e a estratégia corporativa. Ela envolve Lou Hughes, que assumiu a posição de chairman da Opel, a maior subsidiária européia da General Motors, em abril de 1989. Apenas sete meses mais tarde, em novembro de 1989, houve a queda do Muro de Berlim e, logo depois, a Volkswagen, maior fabricante de automóveis da Alemanha seguida pela Opel, anunciou acordo de exclusividade com o departamento de transportes da Alemanha Oriental para a fabricação de automóveis no país e lançamento de um novo carro em 1994.

Uma visão corporativa da elaboração de uma estratégia em resposta à queda estrondosa do Muro de Berlim faria a equipe de Hughes reunir informações a serem transmitidas ao quadro administrativo que, então, desenvolveria um plano que se adaptasse à estratégia da GM no exterior. (Naquela época, essa estratégia era produzir carros em fábricas grandes, modernas e focalizadas em países de mão-de-obra barata como a Espanha.) O plano seria discutido e possivelmente aprovado pelo Conselho de Administração. O processo poderia levar um ano – especialmente porque poucos dados concretos estavam disponíveis no mercado da Alemanha Oriental e por ainda ser um país soberano, com suas próprias leis e moeda, protegido por 400 mil soldados soviéticos.

Em vez disso, Hughes fez o que um gerente dinâmico e empreendedor faria ao administrar uma grande subsidiária no exterior: trabalhou vigorosamente para garantir um lugar para a Opel no mercado da Alemanha Oriental, de uma forma que não se enquadraria na estratégia corporativa e não seria aprovada pelos planejadores corporativos. Em vez de esperar pelos dados, ele criou novos fatos. Atuando na introdução de um membro do sindicato da Opel à equipe gerencial de uma das fábricas estatais, Hughes negociou o direito de construir uma nova capacidade na Alemanha Oriental. Ele permitiu que o líder da fábrica local publicasse o acordo, induziu o chanceler Helmut Kohl a subsidiar a nova fábrica e utilizou os talentos de outras divisões operacionais da GM para assegurar que as instalações seriam de última geração. A GM Europa e a matriz foram mantidas informadas, mas as decisões locais impulsionaram uma série contínua de compromissos.

Como aconteceu no caso da chaminé, a matriz foi praticamente subjugada pela administração local, que fez o que achou melhor para a corporação. Apesar da aparente contradição entre os planos da Opel e da estratégia corporativa, Hughes propôs a alocação de recursos e sua proposta foi aprovada primeiramente pelo conselho estratégico europeu e depois pela corporação. A alta administração (sob as objeções do quadro administrativo) apoiou as medidas bottom-up de Hughes – e sua visão de futuro – porque ele era o gerente local, porque ele tinha um bom histórico de desempenho e porque acreditava-se que ele possuía uma boa capacidade de julgamento. Foi mais um aval a Hughes do que a seus planos propriamente ditos.

O caso da Opel demonstra como a alocação de recurso modela a estratégia ou é apenas um exemplo de uma organização fora de controle. Os planejadores de estratégia que possuem mentalidade tradicional podem acreditar na segunda opção. Na verdade, a história da Opel salienta o que concluímos serem os aspectos quase universais do modo como os compromissos estratégicos são formados. Eles se enquadram em duas categorias.

ESTRUTURA ORGANIZACIONAL

O fato de, em qualquer empresa, a responsabilidade ser dividida entre vários indivíduos e unidades tem conseqüências vitais sobre o modo como as estratégias são criadas.

O conhecimento está disperso. Para qualquer questão estratégica (por exemplo, como a Opel deveria entrar no mercado da Alemanha Oriental), a expertise relevante está espalhada em partes muitas vezes inesperadas da corporação. Quando o muro caiu, os gerentes no Ocidente não entendiam quase nada do mercado da Alemanha Oriental. Os primeiros gerentes da GM a desenvolver conhecimento útil, como era de se esperar, foram aqueles que estavam no local: o pessoal de marketing da Opel.

Enquanto isso, os empregados da GM com profundo conhecimento sobre as técnicas de produção enxuta, que seriam necessárias para o novo empreendimento, estavam na Califórnia e no Canadá. Aqueles com conhecimento mais profundo sobre estratégia e lucratividade no exterior estavam principalmente em Detroit, Michigan – mas a estratégia européia foi desenvolvida em Zurique, na Suíça.

O poder está disperso. A autoridade formal e Hughes era limitada. Ele poderia financiar pesquisas e negociar com seus colegas na Alemanha Oriental, mas não poderia mandar seu diretor de produção trabalhar com o pessoal da Califórnia nem insistir para que o pessoal da Califórnia trabalhasse com a Opel. O direito de aprovar um plano em um novo país estava nas mãos do Conselho de Administração da GM. Para obter permissão para se apresentar ao Conselho, Hughes teria que passar pela GM Europa; além disso, a direção financeira e os outros quadros administrativos poderiam providenciar (e providenciariam) suas próprias avaliações. Contudo, as negociações de Hughes com o gerente da fábrica local e com Helmut Kohl poderiam comprometer a GM.

Os papéis determinam as perspectivas. A Lei de Miles – a noção de que a posição de alguém depende do lugar que ocupa – é fundamental para o modo como a estratégia é criada na prática. Todos os gerentes que precisavam cooperar para concretizar a iniciativa na Alemanha Ocidental tinham diferentes conjuntos de responsabilidades para os recursos e resultados (como determinados níveis de vendas totais e por modelo) que moldaram suas perspectivas sobre o sucesso em um novo mercado no Leste Europeu e o que seria possível conquistar. Todos eles consideravam um conjunto diferente de fatos, geralmente os mais pertinentes ao sucesso em seus papéis operacionais individuais. O triunfo de Hughes foi convencer um grupo de gerentes com autoridade limitada de que eles poderiam levar a cabo uma idéia radical.

PROCESSOS DE TOMADA DE DECISÃO

Também é importante notar que o modo como as decisões são tomadas em todas as partes de uma organização tem conseqüências vitais para a estratégia.

Os processos abrangem vários níveis; as atividades seguem um caminho paralelo e independente. A idéia de um processo estratégico top-down depende de um controle central de todas as etapas de um processo. Esse nível de controle quase nunca existe em uma grande organização – muito pelo contrário: ao mesmo tempo em que o quadro administrativo está começando a planejar e lançar incitativas, os gerentes operacionais invariavelmente já estão agindo de modo a enfraquecê-las ou melhorá-las. Hughes estava desenvolvendo um forte relacionamento com Helmut Kohl e obtendo financiamento para uma nova fábrica na Alemanha Oriental mesmo enquanto o quadro administrativo da GM estava examinando as previsões de vendas e planejando as novas iniciativas na Europa: fábricas focalizadas em países que provavelmente não incluiriam a Alemanha Oriental.

Os processos são repetitivos. A criação da estratégia é um processo repetitivo em tempo real; compromissos devem ser assumidos e, então, revisados ou incrementados à medida que novas realidades emergem. O primeiro compromisso da GM surgiu quando Hughes participou de uma votação com trabalhadores de fábrica que comprometeu a subsidiária da Alemanha Oriental, a Opel; essa medida pública dificultou um recuo da GM, especialmente quando Hughes já estava induzindo Helmut Kohl a fornecer subsídios. O segundo nível de compromisso foi obtido quando a GM financiou uma fábrica para produzir 10 mil carros e esses carros foram apresentados aos consumidores alemães com enorme publicidade. Logo depois, um terceiro estágio foi atingido quando uma grande fábrica foi construída. A estratégia da GM para a Alemanha Oriental foi revisada a cada etapa do processo. O modo como a estratégia das fábricas européias se desenvolveu depois disso dependeria dos próximos eventos, particularmente das flutuações cambiais e do custo de mão-de-obra e das mudanças nas tarefas da liderança da GM.

Quem está no controle?

Um líder pode anunciar uma estratégia global, mudar as tecnologias essenciais ou abrir novos mercados, mas essa estratégia apenas será realizada se estiver alinhada com os padrões das decisões de alocação de recursos tomadas em todos os níveis da organização. Outra história bastante conhecida – a saída a Intel do negócio de memórias – ilustra o tema. Segundo a lenda, Andy Grove e Gordon Moore estavam conversando sobre os negócios em que a Intel deveria atuar. Andy Grove perguntou a Gordon Moore o que eles fariam se a Intel fosse uma empresa que tivessem acabado de adquirir. Quando Moore respondeu "Sair do negócio de memórias", Grove sugeriu que fizesse isso mesmo. No entanto, ao que se constatou, a receita da Intel com memória era, naquela época, de apenas 4% do total das vendas. Os gerentes dos níveis inferiores da Intel já haviam saído do negócio. O que a Intel *não havia* feito era encerrar o fluxo de financiamento para a pesquisa em memórias (que ainda estava abocanhando um terço de todas as despesas com pesquisas) e anunciar ao mundo sua saída.

Como o conhecimento e o poder transpõem os níveis organizacionais, os gerentes de cada nível provavelmente causarão impacto na tecnologia. As forças externas também podem causar forte impacto sobre como os recursos são alocados e, por conseqüência, como as estratégias evoluem. As forças mais poderosas são os melhores clientes da empresa e os mercados de capitais.

GERENTES GERAIS

As decisões estratégicas são criticamente afetadas não apenas pelos gerentes seniores, mas também pelos gerentes gerais de nível intermediário, por suas equipes e pelos gerentes operacionais subordinados a eles. Esses gerentes gerais de nível intermediário administram os processos fundamentais que fazem as empresas multinacionais de múltiplos negócios serem viáveis. São gerentes gerais que respondem a outros gerentes gerais. Suas tarefas envolvem a tradução de metas corporativas mais amplas, como os lucros e o crescimento, em metas específicas que os gerentes operacionais possam entender e executar. Eles fornecem à alta administração um quadro integrado daquilo que seus negócios podem realizar hoje e poderiam realizar no futuro ao determinar o pacote de planos, programas e atividades que impulsionariam a estratégia para esse negócio.

Uma das maneiras mais óbvias de esses gerentes intermediários afetarem a estratégia é por meio de suas decisões sobre quais propostas enviar para avaliação da alta administração. Entrevistamos um alto executivo que expressou surpresa ao perceber esse papel: "Tive um momento fascinante quando me encontrei com um gerente intermediário. Eu havia mapeado, em um pedaço de papel, o processo de alocação de recursos e seu efeito nas estratégias planejadas e emergentes. Enquanto conversávamos, esse gerente me contou orgulhosamente que ele foi um dos que elaboraram a estratégia, não o CEO ou Conselho de Administração. De acordo com ele, o processo de alocação de recursos pertencia a ele, pois seu chefe, que era o presidente da maior unidade de negócios da empresa, não aprovaria qualquer coisa sem a sua recomendação."

GERENTES OPERACIONAIS

A maioria dos analistas de estratégia ignora o papel que gerentes operacionais desempenham na estratégia, presumindo que eles estão amarrados demais aos requisitos do negócio para pensar estrategicamente. Os executivos seniores negligenciam o impacto muito real dos gerentes operacionais sob sua responsabilidade. Por exemplo, em 2000 a Toyota lançou o Echo, um veículo sem luxo, projetado, em parte, para proteger a Toyota da concorrência de baixo custo. Mas no fundo da organização estavam os vendedores nas operações locais de varejo. Devido às margens (e, o mais importante, às comissões sobre vendas) serem mais altas nos outros veículos da Toyota, os clientes eram freqüentemente induzidos a comprar os modelos mais caros. Embora a alta administração tenha colocado alta prioridade nos novos produtos, as decisões operacionais diárias da organização conduziram a estratégia realizada da empresa para outro lugar.

A partir do exemplo da Toyota, alguém poderia concluir que os gerentes operacionais (os vendedores, neste caso) restringem a inovação, pois não estão alinhados com a estratégia da empresa. No entanto, os gerentes operacionais podem redirecionar ou melhorar a estratégia de maneira muito inovadora. Na Intel, a saída do mercado de memórias aconteceu com o tempo, pois os gerentes na produção responderam a uma diretriz financeira: alocar o espaço da fábrica para maximizar a margem bruta por centímetro quadrado de wafer (lâmina de material semicondutor). As memórias e os microprocessadores usam as mesmas lâminas de silício, assim, quando as condições pioraram para as memórias, a regra tirou a Intel do negócio.

CLIENTES

As decisões do cliente podem exercer importante papel na formação de uma verdadeira estratégia, particularmente nos negócios com poucos clientes poderosos. As empresas que mantêm estreito contato com seus melhores clientes dão a eles praticamente o direito de vetar o desenvolvimento e a distribuição de produtos. Em meados da década de 1990, Tony Bidder, da

Knight Ridder, reconheceu que a internet teria efeito dramático em sua empresa jornalística. Assim sendo, ele redirecionou sua estratégia corporativa para se concentrar na internet, apresentou relatórios anuais que continham planos para a nova mídia e mudou a matriz de Miami para San Jose. Apesar desses esforços ousados para mudar a estratégia corporativa, a estratégia realizada continuou a ser amplamente controlada pelos clientes de propaganda existentes no negócio de jornais impressos. Todos os dias, os representantes de vendas tinham a opção de vender um anúncio de $40 mil a seus clientes de jornais impressos existentes ou promover um anúncio on-line de $2 mil que era pouco familiar, ou mesmo desinteressante, a esses mesmos anunciantes. Todos os dias, os representante de venda fizeram a escolha mais lógica de vender os anúncios impressos tradicionais. Apesar do crescimento explosivo da propaganda on-line, a Knight Ridder e outras empresas jornalísticas foram muito malsucedidas em explorar essa nova fonte de receita em desenvolvimento. Por meio de sua influência sobre a força de vendas, os clientes de anúncios impressos efetivamente capturaram o processo de alocação de recursos e, essencialmente, sua estratégia.

MERCADO DE CAPITAIS

A maioria dos observadores entende que os mercados de capitais influenciam o desempenho da gerência; que podem remodelar bastante a estratégia, é pouco documentado, mas igualmente verdadeiro. A pressão sobre os lucros pode fazer uma empresa sair do mercado cedo demais; uma queda no preço das ações pode fazer uma empresa lutar para melhorar seu desempenho de curto prazo. Um dos casos mais evidentes sobre esse fenômeno surgiu de um experimento natural no mercado de telefonia dos Estados Unidos que um dos nossos doutorandos examinou. A BellSouth e a U.S. West eram duas empresas de telefonia que se formaram da dissolução da AT&T. Ambas nasceram com a mesma tecnologia, patente e modelo de planejamento. Apesar de suas semelhanças, os mercados de capitais concluíram que as perspectivas de crescimento da U.S. West eram menores que as de sua irmã gêmea. Diante de resultante pressão sobre os lucros, o CEO da U.S. West decidiu diversificar ao se afastar da telefonia regulamentada e estabelecer metas de lucros mais altos. Para alcançar esses objetivos, os gerentes do negócio de celulares (os gerentes gerais intermediários) adotaram a estratégia de *skimming*, ou seja, buscar altas margens de lucro a baixos volumes com os consumidores de maior poder aquisitivo.

Enfrentando pressão menos intensa e de curto prazo dos mercados de capitais, a BellSouth optou por tratar o celular como uma oportunidade com potencial de lucro igual ao do negócio de telefonia fixa, com perspectivas de crescimento muito melhores. Os gerentes buscaram uma estratégia de ampla penetração de mercado.

Os objetivos estratégicos da BellSouth e da U.S. West foram refletidos nos indicadores de desempenho estabelecidos para os dois negócios. Apesar de desempenho inicial semelhante, as diferentes medidas levaram as duas empresas a chegar a conclusões muito diferentes sobre o mercado de celular. A U.S. West se decepcionou com os resultados, que não alcançaram as altas metas financeiras estabelecidas. A BellSouth ficou satisfeita com os primeiros resultados positivos e realizou mais investimentos. A U.S. West eventualmente desfez-se do negócio, enquanto a BellSouth se tornou um dos principais provedores de telefonia móvel.

Gerencie de qualquer forma!

Se os gerentes de divisão, de nível intermediário e os gerentes operacionais – bem como os clientes e os mercados de capitais – têm impacto tão poderoso sobre o processo de alocação de recursos e, por conseqüência, sobre a estratégia realizada da empresa, o que isso implica no papel dos líderes corporativos? O processo de formação de estratégia está totalmente fora de controle? É claro que não. Acreditamos que a complexidade do processo de alocação de recursos apenas aumenta a necessidade de uma liderança no nível mais alto. Mas os líderes seniores precisam entender o que está acontecendo e ajustar seus estilos de administração apropriadamente. Apresentamos a seguir seis maneiras pelas quais os gerentes seniores podem direcionar a estratégia da empresa ao compreender melhor o processo de alocação de recursos.

Entenda as pessoas cujos nomes estão na proposta que você lê. Ao ler uma proposta para alocar pessoas ou capital em escassez, você deve calibrar o que está lendo com o histórico de desempenho do executivo que assinou o documento. Se o executivo possuir um histórico quase perfeito de propostas implementadas, então você sabe que provavelmente existem poucos aspectos negativos no que lê, mas os aspectos positivos podem ter sido muito pouco explorados. Solicitações de recursos são baseadas em histórias sobre o futuro. Essas histórias podem ser resumidas com números, mas eles representam julgamentos sobre acontecimentos incertos. Logo, o julgamento de seus gerentes – e sua capacidade de julgar seus julgamentos! – é mais importante do que os próprios números apresentaram. Essa realidade matará sua equipe financeira, pois ela é boa para destrinchar números mas não para avaliar o que os gerentes entendem e o que não entendem.

Reconheça a questão estratégica e certifique-se de que seja abordada. Quase sempre, as solicitações de recursos exigem duas tomadas de decisão: *Deveríamos apoiar essa idéia de negócio? Essa proposta é o melhor caminho a seguir?* A maioria dos processos de orçamento de capital é elaborada para analisar os projetos (em outras palavras, eles se dirigem à segunda pergunta e não à primeira). Geralmente é possível realizar uma análise quantitativa bastante rigorosa ao comparar o plano de ação da proposta com as alternativas. É importante que essa análise seja feita – e é geralmente feita sem parar –, mas nossa pesquisa mostra que a primeira pergunta – a questão de *negócio* – é muito mais importante e muito mais difícil de responder, e é freqüentemente ignorada. É fácil investir dinheiro em projetos de redução de custos que obterão exatamente os recursos previstos em negócios que estão perdendo dinheiro. Depois do projeto, eles simplesmente perdem menos. Um de nossos estudos mostrou que as empresas e seus setores jogavam mais dinheiro em uma velha tecnologia ao mesmo tempo em que estavam investindo em instalações baseadas em uma nova tecnologia que torna o primeiro investimento obsoleto. O gerenciamento de alocação de recursos para criar uma estratégia sólida exige que a avaliação da proposta comece com a pergunta do tipo "deveríamos?". Deveríamos construir uma fábrica na Alemanha Oriental? No final, você pode decidir apoiar os gerentes em vez de sua lógica, pois quer apoiá-los. Mas faça isso como seus olhos abertos e os controles em funcionamento.

Quando um debate refletir as diferenças fundamentais sobre a estratégia, interfira. A pergunta "deveríamos?" se concentra inevitavelmente nas questões básicas sobre como a empresa quer competir. Ela quase sempre envolve a avaliação de diferentes pontos de vista que refletem as posições dos executivos em questão. Lou Hughes achou que poderia utilizar uma nova instalação na Alemanha Oriental para impulsionar uma mudança na fábrica principal da Opel. Alguns da matriz da GM acharam que seria mais importante continuar a expansão em locais de baixo custo no sul da Europa e na América Latina. Os executivos inteligentes usam as oportunidades de alocação de recursos, como uma nova fábrica da Opel na Alemanha Oriental, para estimular discussões estratégicas que ultrapassam as perspectivas organizacionais. Eles reúnem gerentes com diferentes tipos de conhecimento para discutir a evolução da estratégia e não os detalhes de uma proposta de projeto. Andy Grove chama isso de "obter o poder do conhecimento e o poder da posição na mesma sala e ao mesmo tempo". Os altos executivos quase sempre terão que realizar essa reunião e prestar atenção em quem é convidado. Eles também precisam trabalhar muito para criar um ambiente colaborativo.

Use os gerentes operacionais para realizar o trabalho além dos limites das divisões. Quando os gerentes seniores acreditam que a melhor maneira de servir um mercado exigirá a cooperação de duas ou mais divisões, eles enfrentam um problema imediato. Os gerentes de divisão são obcecados pelo futuro de seus próprios negócios. Uma abordagem bottom-up não promove a cooperação natural, pois esses gerentes consideram o processo de alocação de recursos uma maneira de proteger seu território. (Eles também chegam à mesma questão estratégica a partir de uma perspectiva bem diferente – Lei de Miles!) Por causa disso, os executivos precisam estar em contato com os gerentes operacionais se quiserem que as divisões cooperem. Se não forem afetados pelos sistemas de remuneração e avaliação da divisão, os talentos operacionais podem ser abordados pela oportunidade de servir melhor os clientes. Isso não acontecerá automaticamente, mas vimos inúmeros casos em que as equipes multidivisionais, que foram formadas e apoiadas pela alta administração, foram capazes de trabalhar juntas, mesmo quando seus superiores da divisão se opuseram ao projeto. Por exemplo, a WPP, gigante de serviços de marketing, foi bem-sucedida na criação de empresas virtuais, constituída de pessoas de várias unidades, para focalizar o mercado de varejo e de cuidados com a saúde. Embora alguns líderes de divisão considerassem isso uma intrusão em seu mandato nessas áreas, os gerentes operacionais revelaram sua capacidade de, em conjunto, solucionar os problemas dos clientes. É claro que a maneira mais fácil para um líder de divisão solapar um projeto como esse é não permitir a entrada das pessoas certas. Os gerentes seniores devem assegurar que as perguntas certas sejam feitas e que as pessoas certas sejam disponibilizadas para trabalhar nessas questões.

A liderança deve ligar os fatos. Entenda que os processos bottom-up de alocação de recursos não expressam a visão corporativa. A alta administração deverá esboçar o quadro geral quando mais de uma divisão estiver envolvida em uma questão de estratégia. Quando processos bottom-up estão em funcionamento, vários problemas podem ocorrer. Perspectivas divisionais conflitantes tendem a se resolver por si mesmas, dependendo de qual unidade tiver mais poder, ou os gerentes de divisão fazem acordos que compartilham recursos de modo que pareçam razoáveis no papel, mas não são a melhor abordagem estrategicamente, ou, pior, uma divisão pode concordar – explicitamente ou tacitamente – em não contestar as propostas de outra divisão em troca do mesmo tratamento. Em muitas empresas, essa é a norma. Será pura coincidência se o resultado desse sistema for o que a empresa poderia alcançar se as divisões estivessem trabalhando juntas com um plano coerente. A alta administração precisa intervir e estruturar questões que reflitam a perspectiva corporativa, especialmente quando grandes somas de dinheiro estão envolvidas e as condições são muito incertas. Eles devem fazer as divisões perguntarem: "O que é melhor para a empresa?"

Crie um novo contexto que permita à liderança contornar o processo normal de alocação de recursos. A maioria das idéias originais ou contestadoras é mal gerenciada pelo processo bottom-up de alocação de recursos. É a alta administração que precisa perguntar: "Existe tecnologia em desenvolvimento que hoje pareça inferior ou incerta, mas que comprometerá nosso negócio pelas bases quando estiver totalmente desenvolvida?" O Windows NT causou impacto nas aplicações UNIX, por exemplo, assim como as aplicações de internet, em um grande número de setores. É preciso uma paranóia muito bem informada para concluir essa questão a tempo de manter uma empresa sólida na liderança. A decisão de seguir as idéias originais geralmente exige mais recursos: uma unidade organizacional separada em uma nova localidade, medidas grandiosas em vez do orçamento anual e mais níveis hierárquicos.

A NOÇÃO dessas seis recomendações é realmente uma meta-recomendação. Uma vez que você percebeu que as decisões de alocação de recursos fazem a sua estratégia, então você sabe que não é possível contar com um sistema para gerenciar o processo de alocação de recursos. Nenhum planejamento ou procedimento de orçamento de capital pode substituir os melhores líderes da empresa em julgamentos sobre como alocar os recursos. Nenhum sistema de incentivos alinhará os objetivos da divisão de modo que as novas oportunidades sejam estudadas com o interesse corporativo em mente. Devido a seu impacto sobre a estratégia, a alta administração deve se engajar – seletivamente, sem dúvida – em debates que marcam pontos de inflexão no processo.

É nesse ponto em que o processo top-down é vital. Se você fizer parte da liderança, não poderá delegar a responsabilidade pela direção de sua empresa. Na Intel e na Opel, os gerentes de divisão tomaram as medidas corretas, mas esse geralmente não é o caso. A gerência das divisões de mineração ou de semicondutores na GE não aconselharam Jack Welch a desistir delas. A gerência dos negócios de televisores não disse a Frank Dangeard que mudasse a Thomson para a pós-produção digital. Muito pelo contrário, esses gerentes de divisão estavam gerando propostas para aumentar seus negócios. O desafio da liderança é dar uma direção coerente ao modo como os recursos são alocados e, ao fazer isso, alinhar os processos bottom-up como os objetivos top-down. É assim que se conduz a estratégia em uma grande organização.

Publicado originalmente em fevereiro de 2007
Reimpressão R0702C

Pare de fazer planos; comece a tomar decisões

MICHAEL C. MANKINS
RICHARD STEELE

Sumário executivo

MUITOS EXECUTIVOS estão mais céticos em relação ao planejamento estratégico. Isso é alguma novidade? Apesar de todo tempo e energia gastos, o planejamento estratégico geralmente funciona como uma barreira a uma boa tomada de decisões e tem pouca influência na estratégia.

O planejamento estratégico fracassa devido a dois fatores: ele na maioria dos casos ocorre anualmente e focaliza as unidades de negócios separadamente. Sendo assim, todo o processo diverge do modo como os executivos realmente tomam importantes decisões de estratégia, que não são restritas pelo calendário nem definidas pelas fronteiras da unidade. Assim, de acordo com um levantamento sobre 156 empresas de grande porte, os executivos seniores geralmente tomam decisões estratégicas fora do processo de planejamento, de forma assistemática e sem uma análise rigorosa ou um debate produtivo.

Mas as empresas podem corrigir o processo se atacarem os problemas pela raiz. Algumas empresas inovadoras se livraram de seus procedimentos de planejamento focados nas unidades de negócios e baseados no calendário e os substituíram por um processo decisório contínuo e focado nos problemas. Ao fazer isso, eles contam com vários princípios básicos: separam – mas integram – a tomada de decisões e o planejamento. Eles se concentram em alguns temas principais e estruturam análises estratégicas para produzir decisões reais.

Quando as empresa mudam o senso de oportunidade e se concentram no planejamento estratégico, também mudam a natureza da discussão da alta administração sobre a estratégia – de "analisar para aprovar" para "debater e decidir", em que os altos executivos refletem ativamente sobre cada grande decisão e suas implicações para o desempenho e o valor da empresa. Os autores descobriram que essas empresas tomam duas vezes mais decisões estratégicas importantes por ano do que as empresas que seguem o modelo de planejamento tradicional.

O PLANEJAMENTO ESTRATÉGICO é completamente inútil? Essa foi a pergunta que o CEO de um fabricante global recentemente fez a si mesmo. Dois anos antes, ele havia lançado uma ambiciosa reestruturação do processo de planejamento da empresa. A velha abordagem, que exigia que os líderes das unidades de negócio fizessem apresentações regulares ao comitê executivo da empresa, fracassou completamente. Os membros do comitê executivo – CEO, COO, CFO, CTO (Chief Technical Officer) e o líder do RH – estavam cansados de assistir intermináveis apresentações de PowerPoint que ofereciam poucas oportunidades de contestar os pressupostos das unidades de negócios ou influenciar suas estratégias. Os líderes das unidades haviam reclamado de que as análises do comitê executivo eram longas nas recriminações e curtas nos conselhos práticos. Pior ainda, as análises produziam muito poucas decisões úteis.

O processo renovado incorporou idéias de última geração sobre o planejamento estratégico. Para evitar a sobrecarga de informações, limitou cada negócio a 15 slides de "alto impacto" que descreviam a estratégia da unidade. Para assegurar discussões mais profundas, foi exigido que todas as apresentações e materiais de apoio fossem distribuídos aos membros do comitê executivo pelo menos com uma semana de antecedência. As próprias sessões de análise foram reestruturadas para permitir tempo suficiente para a troca de informações entre a alta administração e os executivos das unidades de negócio. Em vez de forçar os líderes de unidade a viajarem à matriz para participar das reuniões, o comitê executivo concordou em passar, de forma inédita, seis semanas, na primavera, visitando todas as 22 unidades para as sessões que durariam o dia inteiro. A intenção era tornar as análises estratégicas mais longas, mas focadas.

Isso não funcionou. Depois de usar o novo processo por dois ciclos de planejamento, o CEO reuniu o feedback dos participantes por meio de um levantamento anônimo. Para seu terror, o relatório continha uma ladainha de reclamações: "Isso leva muito tempo." "Está em um nível muito alto." "Não tem relação com o modo como conduzimos o negócio." E assim por diante. O pior de tudo, no entanto, foi a opinião quase universal dos participantes de que a nova abordagem produzia muito poucas decisões práticas. O CEO ficou em estado de choque. Como o processo de planejamento de vanguarda da empresa pode ser um fracasso tão grande? O mais importante: o que ele poderia fazer para que o planejamento estratégico produzisse decisões em maior quantidade, melhores e mais rápidas?

Como esse CEO, muitos executivos estão mais céticos em relação ao planejamento estratégico. Isso é alguma novidade? Apesar de todo tempo e energia que a maioria das empresas gasta com o planejamento estratégico, o processo é freqüentemente uma barreira a uma boa tomada de decisões, de acordo com nossa pesquisa. Como resultado, o planejamento estratégico não influencia muito a estratégia da maioria das empresas.

Nas páginas seguintes, demonstraremos que o fracasso da maioria dos planejamentos estratégicos deve-se a dois fatores: é normalmente um processo anual e geralmente focalizado nas unidades de negócio individuais. Sendo assim, o processo diverge totalmente do modo como os executivos realmente tomam importantes decisões de estratégia, que não são restritas pelo calendário nem definidas pelas fronteiras da unidade. Não é de se surpreender que os executivos seniores evitem, com freqüência o processo de planejamento. Eles tomam decisões que realmente moldam a estratégia de suas empresas e determinam seu futuro – fora do processo de planejamento, de forma assistemática e sem uma análise rigorosa ou um debate produtivo. As decisões críticas são tomadas incorretamente ou até mesmo nem são tomadas. Mais que qualquer outra coisa, essa lacuna – entre o modo como o planejamento funciona e como acontece a tomada de decisões – explica a frustração, ou mesmo a absoluta antipatia, que a maioria dos executivos sente em relação ao planejamento estratégico. (Veja o quadro "A lacuna entre o planejamento e a tomada de decisões", no final deste capítulo.)

Mas as empresas podem corrigir o processo se atacarem os problemas pela raiz. Um pequeno número de empresas inovadoras se livrou de seus processos de planejamento focados nas unidades de negócios e baseados no calendário e os substituiu por um processo decisório contínuo e focado nos problemas. Ao mudar o senso de oportunidade e se concentrar no planejamento estratégico, elas também mudam a natureza da discussão da alta administração sobre a estratégia – de "analisar para aprovar" para "debater e decidir", em que altos executivos refletem seriamente sobre cada grande decisão e suas implicações para o desempenho e o valor da empresa. Na verdade, essas empresas usam o processo de desenvolvimento de estratégia para impulsionar a tomada de decisões. Conseqüentemente, elas tomam duas vezes mais decisões estratégicas importantes por ano do que as empresas que seguem o modelo de planejamento tradicional. (Veja "Quem toma mais decisões?" no final deste capítulo.) Essas empresas pararam de fazer planos e começaram a tomar decisões.

Onde o planejamento sai errado

No outono de 2005, a Marakon Associates, em colaboração com a Economist Intelligence Unit, realizou um levantamento com 156 empresas de grande porte em todo o mundo, todas atingindo vendas de $1 bilhão ou mais (40% delas possuíam uma receita de mais de $10 bilhões). Perguntamos a esses executivos de que maneira suas empresas desenvolveram planos de longo prazo e eles achavam que seu processo de planejamento impulsionou suas decisões estratégicas de maneira eficaz.

Os resultados do levantamento confirmaram o que temos observado ao longo de muitos anos de consultoria: o momento e a estrutura do planejamento estratégico são obstáculos para uma boa tomada de decisões. Especificamente, descobrimos que as empresas com processos e práticas de planejamento tomam, em média, apenas 2,5 grandes decisões estratégicas por ano ("grandes" significa que elas têm o potencial de aumentar os lucros da empresa em 10% ou mais no longo prazo). É difícil imaginar que, com tão poucas decisões estratégicas impulsionando o crescimento, essas empresas conseguem continuar progredindo e exibir o desempenho financeiro que os investidores esperam. Pior, suspeitamos que as poucas decisões sejam tomadas apesar do processo de planejamento estratégico, e não por causa dele. Na realidade, o modelo tradicional de planejamento é tão desajeitado e fora de sincronia com o modo como os executivos querem e precisam tomar decisões que os gerentes seniores geralmente evitam o processo ao tomar grandes decisões estratégicas.

Com as grandes decisões sendo tomadas fora do processo de planejamento, o planejamento estratégico se torna mera codificação dos julgamentos que a alta administração já realizou, em vez de ser um instrumento para identificar e debater as decisões críticas que a empresa precisa tomar para produzir desempenho superior. Com o tempo, os gerentes começam a questionar o valor do planejamento estratégico, afastam-se dele e passam a depender de outros processos para definir a estratégia da empresa.

O EFEITO CALENDÁRIO

Para 66% das empresas de nosso levantamento, o planejamento é um evento periódico, geralmente conduzido como o precursor dos processos anuais de orçamento de aprovação de capital. Na verdade, a vinculação do planejamento estratégico a esses outros processos gerenciais é com freqüência citada como uma melhor prática, mas ao restringir o planejamento estratégico a um ciclo anual existe o risco de torná-lo irrelevante aos executivos, que precisam tomar muitas decisões importantes ao longo do ano.

Existem duas desvantagens em um cronograma tão rígido. A primeira pode ser chamada de problema do *tempo*. Um cronograma de planejamento anual simplesmente não oferece aos executivos o tempo suficiente para abordar as questões que mais afetam o desempenho. De acordo com nosso levantamento, as empresas que seguem um calendário de planejamento anual dedicam menos de nove semanas por ano ao desenvolvimento de estratégias. Isso significa apenas dois meses para coletar os fatos relevantes, estabelecer prioridades estratégicas, avaliar as alternativas concorrentes e fazer escolhas estrategicamente importantes. Muitas questões – particularmente as que abrangem vários negócios, ultrapassam as fronteiras geográficas ou que envolvem toda uma cadeia de valor – não podem ser solucionadas de maneira eficaz em um tempo tão curto. A Boeing, por exemplo, levou quase dois anos para decidir terceirizar atividades importantes como a fabricação de asas.

Limitados pelo calendário de planejamento, os altos executivos enfrentam duas escolhas: podem não abordar essas questões complexas – essencialmente "arquivando" as questões – ou podem abordá-las por meio de outro processo que não seja o planejamento estratégico. Em ambos os casos, o planejamento estratégico é marginalizado e isolado da tomada de decisões estratégicas.

Mas existe o problema do *momento oportuno*. Mesmo quando os executivos alocam tempo suficiente ao desenvolvimento de estratégias para abordar as questões mais difíceis, o momento oportuno pode criar problemas. Na maioria das empresas, o planejamento estratégico é um processo em lotes em que os gerentes analisam as informações de mercado e dos concorrentes, identificam as ameaças e oportunidades e definem um plano que abrange vários anos. Contudo, no mundo real, os gerentes tomam decisões estratégicas continuamente e são na maioria das vezes motivados por uma necessidade imediata de agir (ou reagir). Quando um novo concorrente entra no mercado, por exemplo, ou um rival lança uma nova tecnologia, os executivos devem agir rápido e decididamente para salvaguardar o desempenho da empresa. Mas muito poucas empresas (menos de 10%, de acordo com nosso levantamento) possuem qualquer tipo de processo rigoroso ou disciplinado para reagir às mudanças no ambiente externo. Em vez disso, os gerentes dependem de processos improvisados para corrigir o curso ou tomar medidas oportunistas. Novamente, o planejamento estratégico é marginalizado e os executivos correm o risco de tomar decisões equivocadas que não foram bem analisadas.

Decisões de fusão e aquisição oferecem um exemplo particularmente chocante do problema do momento oportuno. As oportunidades de aquisição costumam surgir de maneira espontânea, como resultado das mudanças na administração da empresa-alvo, medidas de um concorrente ou algum outro evento imprevisível. Ao se depararem com uma oportunidade promissora e com o tempo limitado para agir, os executivos não podem esperar que a oportunidade seja avaliada como parte do próximo ciclo de planejamento anual, e assim eles avaliam o negócio e tomam uma decisão rápida. Mas como geralmente não existe um processo de análise apropriado, as questões mais delicadas relacionadas às pessoas e aos clientes, tão críticas à integração eficaz da empresa adquirida, podem não ser abordadas de maneira devida. Não é coincidência que o fracasso do planejamento de uma integração seja freqüentemente citado como a principal causa de acordos malsucedidos.

O EFEITO UNIDADE DE NEGÓCIO

O foco organizacional de um típico processo de planejamento agrava seus efeitos calendário – ou talvez "defeitos" seja o termo mais apropriado. Dois terços dos executivos que estudamos indicaram que o planejamento estratégico em suas empresas é conduzido de negócio para negócio – ou seja, focalizado em unidades ou grupos de unidades. Mas 70% dos executivos seniores que participaram de nosso levantamento afirmaram que tomam decisões de questão para questão. Por exemplo, deveríamos entrar na China? Deveríamos terceirizar a produção? Deveríamos adquirir nosso distribuidor? Considerando essa divergência entre o modo como o planejamento é organizado e o modo como as decisões são tomadas, não é de surpreender que, mais uma vez, os líderes corporativos busquem orientação e inspiração em outro lugar. De fato, apenas 11% dos executivos que estudamos acreditavam firmemente que o planejamento valia o esforço.

O foco organizacional do planejamento estratégico tradicional também cria o distanciamento, e mesmo o antagonismo, entre os altos executivos e os gerentes de unidades de negócio. Considere, por exemplo, o modo como a maioria das empresas conduz as avaliações de estratégia – como reuniões formais entre os gerentes seniores e os líderes de cada unidade de negócios. Embora essas análises se proponham a produzir um diálogo baseado em fatos, elas geralmente não significam nada mais que turismo corporativo. O comitê executivo viaja por um dia, aprecia a paisagem, conhece os nativos e viaja de volta. A unidade de negócios, por sua vez, trabalha muito para se preparar para a visita real e está ansiosa para torná-la agradável e sem problemas. A unidade espera escapar com poucas perguntas sem respostas e um plano aprovado. Em conseqüência, os gerentes locais controlam o fluxo ascendente de informações e os gerentes seniores recebem apenas as informações que mostram o melhor aspecto de cada unidade. As oportunidades são destacadas; as ameaças são atenuadas ou omitidas.

Mesmo que não houvesse subterfúgios, os gerentes seniores ainda teriam dificuldades para se envolver em um diálogo construtivo por causa daquilo que poderia ser chamado de assimetria da informação. Eles simplesmente não têm as informações necessárias para orientar as unidades de negócios. Assim, quando lhes apresentam um plano estratégico bom demais para ser verdade, eles têm apenas duas opções concretas: rejeitá-lo – uma medida muito comum na maioria das grandes empresas – ou fingir que concorda e impor metas mais difíceis para assegurar pelo menos a promessa de que a unidade aumentará seu desempenho. Em ambos os casos, a avaliação é pouco útil para impulsionar as decisões sobre as questões. Não é de se surpreender que apenas 13% dos executivos que entrevistamos acreditavam que os gerentes seniores estavam efetivamente envolvidos em todos os aspectos do desenvolvimento da estratégia em suas empresas – desde a definição das metas até a discussão sobre as alternativas e a aprovação das estratégias e alocação de recursos.

Planejamento estratégico focado na decisão

O planejamento estratégico não pode ter outro impacto senão impulsionar a tomada de decisões. Não pode impulsionar a tomada de decisões enquanto estiver com foco nas unidades de negócios individuais e limitado pelo calendário. Durante os últimos anos, observamos que muitas das melhores empresas em termos de desempenho abandonaram a abordagem tradicional e estão se concentrando explicitamente na tomada de decisões por meio de uma identificação contínua e uma determinação sistemática sobre as questões estratégicas. (O "Planejamento contínuo orientado às decisões" no final deste capítulo apresenta um exemplo detalhado da abordagem orientada às questões.) Embora essas empresas tenham encontrado diferentes soluções específicas, todas fizeram essencialmente as mesmas mudanças fundamentais em seus processos de desenvolvimento de planejamento e estratégia para produzir decisões em maior número, melhores e mais rápidas.

Eles separam – mas integram – a tomada de decisões e o planejamento. Primeiramente, e o mais importante, uma empresa deve tirar as decisões do processo tradicional de planejamento e criar um processo diferente e paralelo para desenvolver uma estratégia que ajude os executivos a identificar as decisões que eles *precisam tomar* para criar mais valor para o acionista ao longo do tempo. O resultado desse novo processo não é absolutamente um plano, é um conjunto de decisões concretas que a gerência pode codificar aos planos de negócios futuros por meio do processo de planejamento existente, que continua em funcionamento. A identificação e a tomada de decisões são distintas da criação, monitoração e atualização do plano estratégico e os dois conjuntos de tarefas exigem processos muito diferentes, mas integrados.

A Boeing Commercial Airplanes (BCA) é um caso em questão. Essa unidade de negócios, a maior da Boeing, tinha um processo de plano de negócios de longo alcance (LRBP, na sigla em inglês) por muitos anos. Os ciclos prolongados da produção de aeronaves comerciais exigiam que o CEO da unidade, Alan Mulally, e sua equipe gerencial adotassem uma visão de longo prazo em relação ao negócio. Assim sendo, o LRBP da unidade continha um prognóstico financeiro de dez anos, incluindo a receita estimada, reservas acumuladas, margem operacional e investimento de capital. A equipe gerencial da BCA avaliou o plano de negócios semanalmente para acompanhar o desempenho da divisão em relação ao plano e manter a organização focalizada na execução.

As avaliações semanais eram inestimáveis como ferramenta de monitoração de desempenho na BCA, mas não eram particularmente eficazes para trazer novas questões à tona ou impulsionar a tomada de decisões estratégicas. Assim, em 2001, a equipe gerencial da unidade introduziu um Processo de Integração de Estratégia focado na detecção e abordagem das questões estratégicas mais importantes (tais como determinar a melhor estratégia de mercado para o negócio, impulsionar a evolução da estratégia de produtos da BCA ou estimular o crescimento em serviços). A equipe designada a esse processo realiza reuniões de integração de estratégia toda segunda-feira para acompanhar o progresso da BCA na resolução dessas questões de longo prazo. Uma vez que determinada linha de ação for decidida e aprovada pela equipe gerencial da BCA, o plano de negócios de longo alcance é atualizado na análise da semana seguinte para refletir a mudança estimada do desempenho financeiro.

O tempo investido no novo processo de tomada de decisão é mais do que compensado pelo tempo economizado no processo de LRBP, que agora é exclusivamente focalizado na execução estratégica. A empresa obtém o melhor dos dois mundos – tomada de decisões disciplinada e execução superior. A BCA manteve o valor do LRBP como uma ferramenta de execução, mesmo com o aumento da qualidade e da quantidade das decisões importantes. Os gerentes acreditam que o novo processo é, no mínimo, parcialmente responsável pela acentuada reversão no desempenho da Boeing desde 2001.

Eles se concentram em alguns temas principais. As empresas de alto desempenho normalmente focalizam suas discussões sobre estratégia em um número limitado de questões e temas importantes, sendo que muitos deles abrangem inúmeros negócios. O afastamento do modelo de planejamento voltado para negócios individuais mostrou-se particularmente útil para organizações grandes e complexas, onde as discussões sobre estratégia podem se prolongar demais, já que cada gerente de divisão tentará cobrir cada aspecto da estratégia da unidade. Os gerentes de unidade de negócios deveriam se manter envolvidos no planejamento da estratégia de nível corporativo que afeta suas unidades, mas um foco nas questões, em vez de um foco nas unidades de negócios, oferece melhor alinhamento do desenvolvimento da estratégia com a tomada de decisões e investimento.

Considere o exemplo da Microsoft. A líder mundial no desenvolvimento de software é uma organização altamente matricial. Nenhuma estratégia pode ser executada de maneira eficaz sem uma coordenação cuidadosa entre múltiplas funções e entre duas ou mais das sete unidades de negócios da Microsoft ou "P&Ls", como os executivos se referem a elas – Client; Server and Tools; Information Worker; MSN; Microsoft Business Solutions; Mobile and Embedded Devices e Home and Entertainment. No final de 2004, ao se deparar com a evidente escassez de boas idéias de investimento, o CEO Ballmer pediu a Robert Uhlaner, vice-presidente de estratégia, planejamento e análise da Microsoft, para elaborar um novo processo de planejamento estratégico para a empresa. Uhlaner colocou em funcionamento um Processo de Planejamento de Crescimento e Desempenho que teve início com um acordo da equipe gerencial de Ballmer sobre um conjunto de temas estratégicos – importantes questões como o crescimento do mercado de PCs, o mercado de entretenimento e segurança – que cruzavam as fronteiras das unidades de negócios. Esses temas não apenas definiram o diálogo para a análise estratégica anual da Microsoft, mas também orientaram as unidades no aumento das alternativas de investimento para impulsionar o crescimento da empresa. Os diálogos entre os líderes das P&Ls e a equipe de Ballmer focalizaram o que a empresa poderia fazer para abordar cada tema estratégico, em vez das estratégias de cada unidade. Os resultados preliminares desse novo processo foram promissores. "Você precisa ter cuidado com o que deseja", diz Uhlaner. "Nosso novo processo trouxe à tona inúmeras oportunidades para o crescimento. Nós não nos preocupamos mais com uma falta de idéias de investimento, mas com a melhor maneira de financiá-las."

Como a Microsoft, a Diageo North America – divisão da distribuidora internacional de cervejas, vinhos e destilados – mudou recentemente o modo de conduzir o planejamento estratégico para alocar recursos entre seu portfolio diversificado. A Diageo historicamente focalizou seus esforços de planejamento em marcas individuais. Os gerentes de marca tiveram a permissão de defender uma idéia para um investimento adicional, independentemente do tamanho da marca ou do seu papel estratégico no portfolio. Como resultado, a alocação de recursos foi afligida por negociações intermináveis entre as marcas e a alta administração. Essa disputa política tornou extremamente difícil para os gerentes seniores da Diageo estabelecerem uma abordagem consistente para o crescimento, pois a falta de transparência os impediu de distinguir, entre as muitas solicitações de fundos adicionais, quais marcas realmente mereciam mais recursos e quais não mereciam.

Com início em 2001, a Diageo revisou sua abordagem para o desenvolvimento de estratégia. Uma mudança crucial foi focalizar o planejamento nos fatores que a empresa acreditava que mais impulsionariam o crescimento – por exemplo, um aumento na população hispânica dos Estados Unidos. Ao modelar o impacto desses fatores no portfolio de marcas, a Diageo foi mais capaz de corresponder seus recursos com as marcas que possuíam um maior potencial de crescimento e, assim, poderia determinar as estratégias e os investimentos que cada gerente de marca deveria desenvolver, disse Jim Moseley, vice-presidente de planejamento e pesquisa de consumo da Diageo da América do Norte. Por exemplo, a divisão agora identifica certas marcas para o crescimento e separa recursos específicos para o investimento nessas unidades. Essa abordagem focalizada permitiu à empresa reduzir o processo de planejamento de marca e reduzir o tempo gasto nas negociações entre as marcas e a gerência da divisão. Isso também proporcionou à alta administração maior confiança na capacidade de cada marca contribuir para o crescimento da Diageo.

Eles tornam o desenvolvimento de estratégias um processo contínuo. Os planejadores de estratégia eficazes distribuem as análises de estratégia ao longo do ano em vez de concentrá-las em uma janela de dois a três meses. Isso permite que os executivos seniores se concentrem em uma questão de cada vez até que cheguem a uma decisão ou conjunto de decisões. Além disso, os gerentes podem adicionar as questões ao programa à medida que as condições competitivas e de mercado mudam e, assim, não há necessidade de processos improvisados. Os executivos seniores podem, dessa forma, contar com um único processo de planejamento estratégico – ou um único modelo de tomada de decisões estratégicas – para impulsionar a tomada de decisões por toda a empresa.

A Textron, uma empresa multissetorial de $10 bilhões, implementou um novo processo de desenvolvimento contínuo de estratégia construído em torno de um "programa decisório" priorizado, compreendendo as questões e oportunidades mais importantes da empresa. Até 2004, a Textron possuía um processo de planejamento estratégico razoavelmente tradicional. A cada primavera, as unidades operacionais da empresa – negócios tão diversos quanto a Bell Helicopter, carros de golf E-Z-Go e equipamento de manutenção de gramados Jacobsen – desenvolveriam um plano estratégico de cinco anos baseado em modelos padronizados. Os gerentes de unidade avaliariam seus planos estratégicos como o comitê de administração da Textron (os cinco principais executivos da empresa) durante sessões de um dia de duração em cada unidade. Uma vez completadas as avaliações de estratégia, as unidades incorporariam os resultados, da melhor forma possível, em seus planos operacionais anuais e orçamentos de capital.

Em junho de 2004, insatisfeito com a qualidade e o ritmo da tomada de decisões resultantes das análises de estratégia da empresa, o CEO Lewis Campbell pediu a Stuart Grief, vice-presidente de estratégia e desenvolvimento de negócios da Textron, que reavaliasse o processo de planejamento estratégico da empresa. Depois de analisar cuidadosamente as práticas da empresa e reunir feedback de seus 30 principais executivos, Grief e sua equipe projetaram um novo Processo de Estratégia da Textron.

Houve duas mudanças importantes. Em primeiro lugar, em vez de concentrar todas as análises de estratégia das unidades operacionais no segundo trimestre de cada ano, a empresa agora distribui os diálogos sobre estratégia ao longo do ano – duas ou três unidades são avaliadas a cada trimestre. Em segundo lugar, em vez de organizar os diálogos do comitê de administração em torno dos planos das unidades de negócios, a Textron agora realiza análises contínuas projetadas para abordar cada questão estratégica no programa decisório da empresa. Ambas as mudanças possibilitaram ao comitê de administração da Textron estar muito mais envolvida no desenvolvimento da estratégia das unidades de negócios. A mudança também assegurou a existência de um fórum em que as questões entre as unidades possam ser levantadas e abordadas pela alta administração, com a contribuição dos gerentes de unidades de negócios relevantes. O processo aumentou significativamente o número de decisões estratégicas tomadas pela empresa a cada ano. Como resultado, a Textron passou de pior entre seus colegas multissetoriais para um dos melhores desempenhos financeiros nos últimos 18 meses.

John Cullivan, o diretor de estratégia da Cardinal Health, uma das líderes mundiais em produtos e serviços de cuidados com a saúde, relatou benefícios semelhantes com a mudança para um modelo de planejamento contínuo. "A tomada contínua de decisões é difícil de estabelecer, pois exige realocação do tempo de gerenciamento nos níveis mais altos da empresa", disse. "Mas o processo nos permitiu um foco mais preciso no desempenho de curto prazo de nossos negócios verticais e progredir mais rapidamente em nossas prioridades de longo prazo, sendo que algumas delas são oportunidades horizontais que cruzam as fronteiras dos negócios e, por isso, difíceis de gerenciar."

Para facilitar uma contínua tomada de decisões estratégicas, a Cardinal realizou uma série de mudanças importantes em seu processo de planejamento tradicional. No nível corporativo, por exemplo, a empresa colocou em funcionamento um programa de seis meses para os diálogos de seu comitê executivo, uma prática que permite que todos na Cardinal saibam em quais questões a gerência está trabalhando e quando as decisões serão tomadas. Programas de decisão semelhantes são utilizados nos níveis funcionais e das unidades de negócios, assegurando que os mesmos padrões são aplicados às decisões vitais à empresa. Para apoiar uma contínua tomada de decisões na Cardinal, a empresa treinou "faixas pretas" em novas ferramentas e processos analíticos e os posicionou por toda a organização. Isso fornece a cada negócio, e função da empresa, os recursos necessários para abordar as prioridades estratégicas que surgem com o tempo.

Eles estruturam análises estratégicas para produzir decisões reais. Os obstáculos mais comuns à tomada de decisões em grandes empresas são os desacordos entre os executivos sobre as decisões passadas, alternativas atuais e mesmo sobre os fatos apresentados para apoiar os planos estratégicos. As empresas líderes estruturam suas sessões de avaliação de estratégia para superar esses problemas.

Na Textron, por exemplo, as avaliações de questões estratégicas são organizadas em torno de "fatos, alternativas e escolhas". Cada questão é abordada em sessões de meio dia com o comitê de administração da empresa, permitindo que oito a dez questões sejam resolvidas ao longo do ano. Na primeira sessão, o comitê de administração debate e chega a um acordo sobre os fatos relevantes – informações sobre a lucratividade dos principais mercados, as medidas dos concorrentes, o comportamento de compra dos clientes etc. – e um limitado conjunto de alternativas estratégicas viáveis. O propósito dessa primeira reunião não é chegar a um acordo sobre uma linha de ação específica; em vez disso, a reunião assegura que o grupo possua as melhores informações possíveis e um conjunto considerável de alternativas a serem consideradas. A segunda sessão é focalizada na avaliação dessas alternativas por uma perspectiva estratégica e financeira e para selecionar a melhor linha de ação. Ao separar o diálogo acerca dos fatos e alternativas do debate sobre as escolhas, o comitê de administração da Textron evita muitos gargalos que assolam a tomada de decisões estratégicas na maioria das empresas e, dessa forma, toma muito mais decisões.

Como a Textron, a Cadbury Schweppes mudou a estrutura de seus diálogos sobre estratégia para focalizar os gerentes seniores, de forma mais explícita, na tomada de decisões. Em 2002, depois de adquirir e integrar a Adams, fabricante de gomas de mascar – uma manobra que expandiu significativamente o alcance geográfico e dos produtos Cadbury –, a empresa percebeu que precisava reavaliar sua forma de conduzir diálogos sobre estratégia entre o centro corporativo e os negócios. A empresa fez duas mudanças importantes. Em primeiro lugar, os diálogos sobre estratégia foram remodelados para incorporar um conjunto padronizado de fatos e indicadores sobre consumidores, clientes e concorrentes. Essas informações ajudaram a colocar as escolhas comerciais críticas diante dos gerentes seniores e, assim, essas escolhas não estavam mais enterradas nas unidades de negócios. Em segundo lugar, o tempo dos executivos seniores foi realocado para que pudessem prestar mais atenção nos mercados que eram cruciais para concretizar a visão de dez anos da Cadbury e para a tomada de decisões importantes.

O alto escalão da Cadbury agora passa uma semana por ano em cada um dos países que são mais críticos para impulsionar o desempenho da empresa e, assim, as decisões importantes podem ser tomadas tanto pela observação direta quando pela análise indireta. Os diálogos sobre estratégia agora são baseados em um entendimento muito mais profundo dos mercados. As análises estratégicas da Cadbury não consistem mais em simples análises e aprovações de planos estratégicos, e produzem muito mais decisões importantes.

FEITO CORRETAMENTE, o planejamento estratégico pode ter enorme impacto no desempenho e no valor de longo prazo de uma empresa. Ao criar um processo de planejamento que permite que os gerentes descubram um grande número de questões estratégicas ocultas e tomem mais decisões, as empresas abrirão as portas para muito mais oportunidades para o crescimento de longo prazo e a lucratividade. Ao adotar o planejamento com foco na decisão, as empresas certamente descobrirão que a quantidade e a qualidade de suas decisões estão melhorando, e – não por coincidência – descobrirão melhora na qualidade do diálogo entre os gerentes seniores e os gerentes de unidade. Os gerentes seniores obterão melhor entendimento dos desafios que as empresas enfrentam e os gerentes de unidade se beneficiarão totalmente da experiência e dos insights dos líderes da empresa. Como disse Kark Recktt, o diretor do grupo de estratégia da Cadbury Schweppes: "O planejamento estratégico contínuo e focado na decisão ajudou nossa alta administração a otimizar sua agenda e a trabalhar com suas unidades de negócio e gerência funcional a fim de tomar decisões comerciais e de estratégia de negócio muito melhores."

Quem toma mais decisões?

AS EMPRESAS OBSERVAM aumento surpreendente na qualidade de sua tomada de decisões, uma vez que abandonam o modelo de planejamento tradicional, baseado no calendário e focado nas unidades de negócios. Em nosso levantamento, as empresas que se afastaram mais do passado tomaram duas vezes mais decisões estratégicas a cada ano do que as empresas atadas à tradição. Além disso, a nova estrutura do processo de planejamento assegura que as decisões sejam tomadas da melhor forma possível, considerando as informações disponíveis aos gerentes no momento.

Apresentamos a seguir os números das grandes decisões estratégicas tomadas a cada ano por empresas que adotam as seguintes abordagens para o planejamento estratégico:

Análise anual focalizada nas unidades de negócios
2,5 decisões por ano
Análise anual focada nas questões
3,5 decisões por ano
Análise contínua focada nas unidades de negócios
4,1 decisões por ano
Análise contínua focada nas questões
6,1 decisões por ano

Fonte: Marakon Associates e Economist Intelligence Unit

Planejamento tradicional

AS EMPRESAS que seguem o modelo tradicional de planejamento estratégico desenvolvem um plano de estratégia para cada unidade de negócios em algum momento ao longo do ano. Uma equipe interfuncional dedica menos de nove semanas ao desenvolvimento do plano da unidade de negócios. O comitê executivo avalia cada plano – normalmente em reuniões na unidade que levam o dia inteiro – e aprova os resultados. Os planos são consolidados para produzir um plano estratégico para toda a empresa que é avaliado pelo Conselho de Administração.

Uma vez que o ciclo de planejamento estratégico esteja completo, as unidades dedicam outras oito a nove semanas para o orçamento e o planejamento de capital (na maioria das empresas, esses processos não estão explicitamente vinculados ao planejamento estratégico).

O comitê executivo então realiza outra rodada de reuniões com cada uma das unidades para negociar as metas de desempenho, alocação de recursos e (em muitos casos) remuneração para os gerentes.

Os resultados: um plano estratégico aprovado, mas potencialmente infundado, para cada unidade de negócios e um orçamento para cada unidade que é desvinculado do plano estratégico da unidade.

Planejamento contínuo orientado para decisões

UMA VEZ QUE A EMPRESA como um todo identificou suas prioridades estratégicas mais importantes (normalmente em uma atualização anual de estratégia), os diálogos do comitê executivo, distribuídos ao longo do ano, são realizados para a tomada de decisões sobre as questões, tantos quantos forem possíveis. Já que as questões freqüentemente abrangem várias unidades de negócios, forças-tarefas são formadas para preparar as informações estratégicas e financeiras que são necessárias para descobrir e avaliar estratégias alternativas para cada questão. O tempo de preparação pode ultrapassar nove meses. O comitê executivo participa de dois diálogos de duas a três horas para cada questão. O primeiro diálogo se concentra em atingir um consenso sobre os fatos em torno da questão e sobre um conjunto de alternativas viáveis. O segundo se concentra na avaliação dessas alternativas e na seleção da melhor linha de ação. Uma vez que a questão é resolvida, uma nova é adicionada ao programa. As questões críticas podem ser inseridas no processo de planejamento a qualquer momento, à medida que as condições competitivas e de mercado mudam.

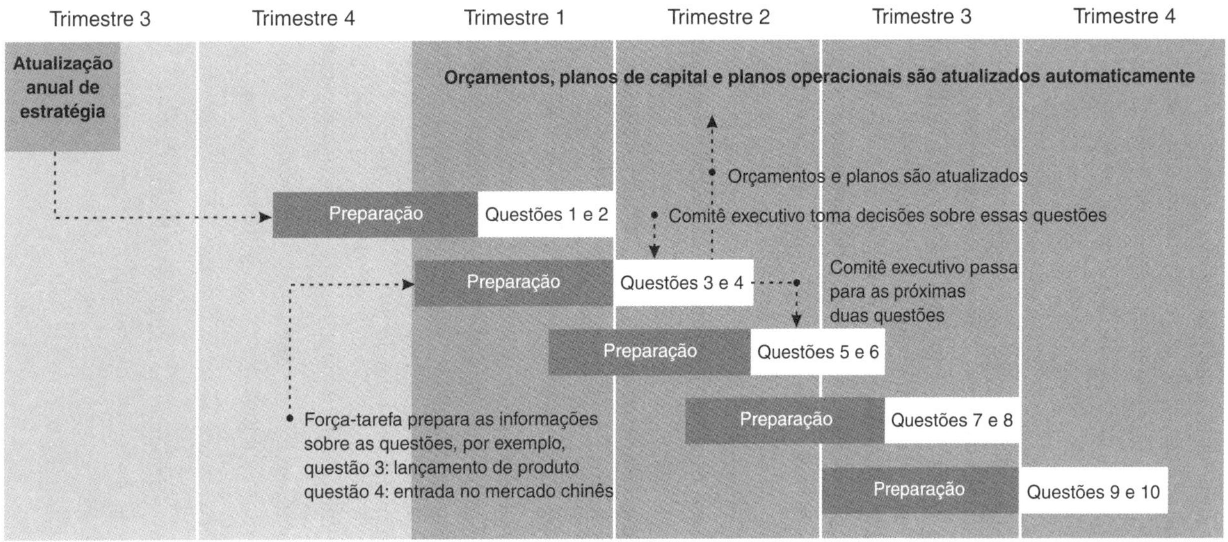
Trimestre 3
Trimestre 4
Trimestre 1
Trimestre 2
Trimestre 3
Trimestre 4
Atualização anual de estratégia
Orçamentos, planos de capital e planos operacionais são atualizados automaticamente
Orçamentos e planos são atualizados
Comitê executivo toma decisões sobre essas questões
Preparação
Questões 1 e 2
Preparação
Questões 3 e 4
Comitê executivo passa para as próximas duas questões
Preparação
Questões 5 e 6
Força-tarefa prepara as informações sobre as questões, por exemplo, questão 3: lançamento de produto questão 4: entrada no mercado chinês
Preparação
Questões 7 e 8
Preparação
Questões 9 e 10

Uma vez que as decisões tenham sido tomadas, os orçamentos e os planos de capital para as unidades de negócio afetadas são atualizados para refletir a opção selecionada. Conseqüentemente, o processo de planejamento estratégico e os processos de capital e orçamento são integrados. Isso reduz de forma significativa a necessidade de longas negociações entre o comitê executivo e a gerência da unidade sobre o orçamento e o plano de capital.

Os resultados: um plano concreto para abordar cada questão principal; para cada unidade de negócios, um plano de capital e orçamento continuamente atualizado é ligado diretamente à resolução de questões estratégicas críticas; decisões em maior número, melhores e mais rápidas.

A lacuna entre o planejamento e a tomada de decisões

Como os executivos planejam	**Como os executivos decidem**
66% periodicamente	**100%** continuamente
Porcentagem de executivos entrevistados que diz que suas empresas conduzem o planejamento estratégico apenas em datas estipuladas	Porcentagem dos executivos que diz que as decisões estratégicas são tomadas sem considerar o calendário
67% unidade por unidade	**70%** questão por questão
Porcentagem que diz que é realizado unidade por unidade	Porcentagem que diz que é realizado questão por questão

Não é de admirar que apenas **11%** dos executivos estejam muito satisfeitos com o fato de o planejamento estratégico valer o esforço.

Publicado originalmente em janeiro de 2006
Reimpressão R0601F

As ferramentas da cooperação e da mudança

CLAYTON M. CHRISTENSEN
MATT MARX
HOWARD H. STEVENSON

Sumário executivo

OS EMPREGADORES têm uma série de ferramentas a escolher para incentivar os empregados a trabalhar em cooperação visando atingir uma nova meta corporativa. Uma das habilidades gerenciais mais raras é a capacidade de saber quais ferramentas funcionarão ou não em determinada situação.

As ferramentas de cooperação se classificam em quatro categorias principais: poder, gestão, liderança e cultura. Escolher a ferramenta certa, de acordo com os autores, requer avaliar a organização em duas dimensões críticas: a extensão na qual as pessoas concordam sobre o *que querem* e a extensão na qual concordam em relação ao que fazer, ou *como conseguem o que querem*. Os autores distribuem em uma matriz a classificação de várias organizações nessas duas dimensões. Os empregados representados no quadrante inferior esquerdo do modelo, por exemplo, discordam em relação ao que querem e em relação a quais ações produzirão os resultados desejados. Já os empregados das organizações que se posicionam no quadrante superior direito concordam em relação a ambas as dimensões.

Diferentes quadrantes exigem diferentes ferramentas. Quando os empregados não concordam em alguma das dimensões, os únicos métodos que levarão à cooperação são "ferramentas de poder", como controle, força e ameaças. Josip Broz Tito, da Iugoslávia, se utilizou com eficácia de mecanismos dessa natureza e o mesmo se aplica a Jamie Dimon, atual CEO do JPMorgan Chase, durante a integração do banco com o Bank One. Para os empregados que concordam com o que querem mas não sobre como atingir os objetivos – pense na Microsoft em 1995 –, as ferramentas de liderança, como a declaração de visão, são mais apropriadas.

Alguns líderes são abençoados com um instinto para escolher as ferramentas certas – alguns exemplos são Gordon Bethune, da Continental Airlines, Jack Welch, da General Electric, e Lou Gerstner, da IBM. Outros podem utilizar este modelo conceitual para selecionar as ferramentas mais apropriadas para as circunstâncias.

A PRINCIPAL TAREFA da gestão é fazer as pessoas trabalharem juntas de forma sistemática. Como maestros de uma orquestra, os gestores direcionam os talentos e ações de vários participantes para produzir o resultado desejado. É um trabalho complicado, que passa a ser ainda mais complexo quando os gestores tentam fazer as pessoas mudarem, em vez de manter o *status quo*. Até os melhores CEOs podem tropeçar em suas tentativas de incentivar as pessoas a trabalharem juntas para atingir uma nova meta corporativa.

Em 1999, por exemplo, Durk Jager, da Procter & Gamble, profissional altamente reconhecido que tinha acabado de ser promovido internamente a CEO, anunciou a Organization 2005, um programa de reestruturação que prometia mudar a cultura da P&G. No entanto, nem todas as pessoas na P&G concordavam que uma mudança tão avassaladora fosse necessária ou que a melhor forma de atingi-la seria reduzir os investimentos nas marcas essenciais da empresa para financiar novos produtos revolucionários. A organização se rebelou e Jager foi forçado a abandonar o cargo apenas 17 meses depois de assumi-lo.

A causa fundamental do tão divulgado fracasso de Jager foi que ele não estimulou o pessoal da P&G a cooperar – um requisito de todas as campanhas de mudança. Para conseguir essa cooperação, os gestores têm uma ampla variedade de ferramentas à disposição, como incentivos financeiros, palestras motivacionais, programas de treinamento ou mesmo ameaças. Mas, apesar de os gestores mais competentes conhecerem as ferramentas de cooperação disponíveis, observamos que eles podem não saber ao certo quais utilizar. A eficácia de determinada ferramenta depende da situação da organização. Neste capítulo, que emprega algumas idéias do livro *Do Lunch or Be Lunch*, de Howard Stevenson e Jeffrey Cruikshank, explicamos como escolher as ferramentas certas e oferecemos conselhos para os gestores que se encontram diante da mudança.

Avaliação do nível de consenso

Ao longo dos vários anos que passamos observando de perto os sucessos e fracassos da gestão, descobrimos que o primeiro passo de qualquer iniciativa de mudança deve ser avaliar o nível de consenso na organização no que se refere a duas dimensões críticas. A primeira é a extensão na qual as pessoas concordam sobre *o que querem*: os resultados que esperam de sua participação no empreendimento; seus valores e prioridades; e quais sacrifícios estão dispostas a fazer para atingir esses resultados. Os empregados da Microsoft, por exemplo, são conhecidos pela união ao redor de uma meta comum: dominar o desktop. Apesar do fato de que sempre haverá grupos de empregados que representam uma exceção à regra, esse tema tem definido a cultura da empresa. A segunda dimensão é a extensão na qual as pessoas concordam sobre *o que fazer*: quais ações levarão ao resultado desejado. Quando as pessoas têm um entendimento comum no que se refere ao que deve ser feito para atingir os resultados desejados, elas provavelmente concordarão em termos de quais processos adotar –

um alinhamento que não se concretizou na P&G quando Jager tentou transformar a empresa.

O quadro "A matriz de consenso" representa essas dimensões. O eixo vertical mostra o consenso por parte dos membros da organização no que se refere ao que querem; o eixo horizontal mostra o consenso em relação ao que fazer para conseguir o que querem. Os empregados de organizações que se posicionam no quadrante superior esquerdo compartilham as mesmas esperanças em relação ao que ganharão por fazer parte da organização, apesar de cada um poder ter uma visão diferente de quais ações serão necessárias para tal. A Microsoft se viu nessa situação em 1995, quando a Netscape ameaçava se tornar a principal "janela" por meio da qual as pessoas utilizariam seus computadores. Todas as pessoas na empresa queriam a mesma coisa – preservar o domínio da Microsoft –, mas inicialmente havia pouco consenso em relação a como fazê-lo.

Muitas empresas que empregam trabalhadores terceirizados e sindicalizados, por outro lado, são classificadas no quadrante inferior direito. Esses trabalhadores têm pouca paixão pelas metas da empresa, mas se mostram dispostos a seguir os procedimentos da organização se concordarem que essas ações produzirão os resultados necessários.

No quadrante superior direito estão as empresas cujos empregados concordam sobre o que querem *e* como chegar lá. Um consenso claro em ambas as dimensões faz a cultura dessas organizações ser muito resistente à mudança: as pessoas em geral estão satisfeitas com o que ganham ao trabalhar na organização e concordam em relação a como manter o *status quo*.

O último cenário é o quadrante inferior esquerdo da matriz de consenso, no qual os participantes não concordam sobre o que querem nem sobre como o mundo funciona. Os estados-nação da Península Balcânica, eternamente em guerra, exemplificam essa falta de consenso. Retomaremos cada situação nas páginas a seguir.

É importante notar que os gestores não têm como aspirar a uma posição "melhor" na matriz de consenso. Para escolher as ferramentas certas que possibilitem promover a cooperação entre os empregados, contudo, os gestores devem avaliar a situação atual da organização. As ferramentas que induzirão os empregados em um quadrante a cooperar com um programa de mudança podem não funcionar bem com empregados classificados em um quadrante diferente. Na verdade, em dada situação, a maioria das ferramentas para estimular a cooperação não funcionará.

A matriz de consenso

Os líderes que quiserem mudar o direcionamento de sua organização devem, antes de mais nada, identificar o nível no qual os empregados concordam em duas dimensões: o que querem obter ao trabalhar na empresa e como conseguir o que querem. Um alto nível de consenso em ambas as dimensões, como o existente na Apple Computer, requer um mix completamente diferente de ferramentas de mudança do que o necessário em, por exemplo, ambientes de baixo nível de consenso.

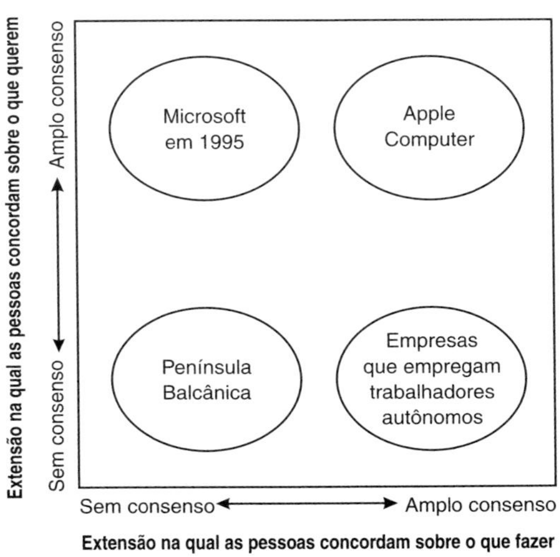

A transição do consenso à cooperação

As ferramentas de cooperação podem ser agrupadas em quatro categorias principais: poder, gestão, liderança e cultura. No quadro "Os quatro tipos de ferramentas de cooperação", fizemos a correspondência de cada categoria com um quadrante da matriz de consenso. Apesar de as fronteiras não serem rígidas, as amplas classificações podem dar aos líderes uma idéia de quais ferramentas podem ser eficazes em várias situações.

FERRAMENTAS DE PODER

Quando os membros de uma organização concordam pouco sobre uma das dimensões, as únicas ferramentas que levarão à cooperação são "ferramentas de poder", como controle, força, coerção e ameaças. O marechal Josip Broz Tito, líder da Iugoslávia durante a maior parte da Guerra Fria, se utilizou com eficácia de ferramentas de poder. Ele herdou os grupos étnicos díspares e antagônicos da Península Balcânica em uma nação mais ou menos artificial e basicamente disse: "Não me importo se vocês concordam ou não comigo ou uns com os outros sobre o que querem da vida e como conseguir isso. O que quero é que vocês parem de brigar entre si e cooperem." Essa abordagem funcionou e as nações dos Bálcãs conviveram em relativa paz por várias décadas.

É claro que não estamos sugerindo que os gestores levem armas de fogo para o escritório. Mas quando facções organizacionais não concordam sobre o que querem ou sobre o que fazer, as ferramentas de poder são as únicas que funcionam. Jamie Dimon, atual CEO do JPMorgan Chase, utilizou essas ferramentas durante a integração do banco com a empresa na qual ele trabalhava antes, o Bank One. Convencido de que a folha de pagamentos havia saído de controle (um executivo de RH do Bank One recebia mais de $5 milhões), Dimon se reuniu individualmente com os executivos para lhes dizer que eles estavam sendo

Os quatro tipos de ferramentas de cooperação

Quando as pessoas em uma organização discordam sobre o que querem e como atingir os resultados desejados, as únicas ferramentas capazes de induzir a cooperação são as "ferramentas de poder", que são essencialmente variações da coerção e do controle. Se as pessoas quiserem a mesma coisa mas discordarem sobre a forma de atingir o que querem, as "ferramentas de liderança", como liderar pelo exemplo e o carisma, podem motivá-las a chegar a um consenso. Se as pessoas concordarem em relação ao que fazer mas discordarem sobre o que querem, os líderes podem empregar "ferramentas gerenciais", como treinamentos e sistemas de mensuração. As empresas nas quais os empregados concordam em relação a ambas as dimensões da matriz, e em geral estão satisfeitos com o status quo, têm culturas muito fortes que são difíceis de mudar. Nessas circunstâncias, só é possível mudar a direção utilizando "ferramentas culturais", como rituais e histórias. Os gestores têm outras ferramentas à disposição – como negociação e incentivos financeiros –, mas elas só funcionarão quando houver certo nível de consenso em relação a ambas as dimensões da matriz.

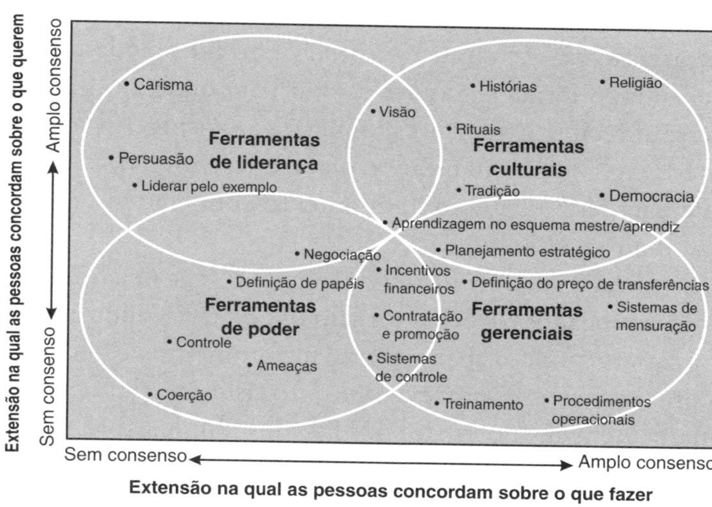

pagos em excesso e cortou entre 20% e 50% de centenas de salários. Ele promoveu a substituição da miríade de sistemas de TI da empresa por uma plataforma única, ameaçando tomar ele mesmo todas as decisões se o pessoal de TI não se decidisse dentro de seis semanas. Ele identificou centenas de empresas de pequeno a médio porte na lista de "clientes potenciais" do banco de investimento mas que ainda não tinham sido visitadas de forma que o banco comercial tivesse a chance de trabalhar com elas. Dimon também reconfigurou sistemas de controle, de forma que os gestores da divisão de varejo, que vinham recebendo modestos bônus por atingir cotas de vendas de hipotecas e outros produtos, passassem a correr o risco de perder o emprego caso não atingissem as metas.

Incluímos três ferramentas no quadro – negociação, planejamento estratégico e incentivos financeiros – a título de exemplo. Essas ferramentas só funcionarão na existência de pelo menos um nível módico de consenso em relação a ambas as dimensões da matriz. Em ambientes de desavença antagônica – seja no Oriente Médio, seja nos acalorados confrontos entre a administração da Eastern Air Lines e o sindicato dos operários – a negociação não costuma funcionar. Um líder pode utilizar o planejamento estratégico para decidir para onde a organização deve se direcionar, mas, na ausência de um nível mínimo de consenso nas duas dimensões, o plano estratégico não será suficiente para estimular o comportamento cooperativo necessário para atingir os objetivos.

A utilização de incentivos financeiros – essencialmente pagar os empregados para que atinjam os objetivos que a administração quer – pode acabar gerando um ambiente de baixo nível de consenso. Pense, por exemplo, no sistema educacional do primário até o ensino médio nos Estados Unidos, que, sem dúvida alguma, se posiciona no quadrante inferior esquerdo da matriz de consenso. Professores, contribuintes, administradores, pais, alunos e políticos têm prioridades divergentes e discordam em relação a como o sistema pode ser melhorado. A maioria dos esquemas de remuneração por desempenho resultou em enorme fracasso na promoção de uma mudança duradoura nas escolas, simplesmente porque os incentivos financeiros constituem ferramenta que não tem como funcionar nessa situação.

As ferramentas de poder podem ser extremamente eficazes em situações de pouco consenso. A chave é ter a autoridade necessária para utilizá-las. Os gestores podem se ver em circunstâncias difíceis, sem o poder de utilizar as únicas ferramentas capazes de induzir à cooperação nessas condições. Se os gestores forem solicitados a liderar uma equipe de projeto cujos membros não concordem com os objetivos do projeto, por exemplo, o caminho para o sucesso será tortuoso. Da mesma forma como um carpinteiro jamais aceitaria um trabalho se não recebesse as ferramentas necessárias, um gestor inteligente em um ambiente de baixo nível de consenso não deve concordar em liderar um programa de mudança se não receber a autoridade suficiente para utilizar as ferramentas de poder corretas.

FERRAMENTAS GERENCIAIS

As ferramentas de cooperação que impulsionam a mudança no quadrante inferior direito da matriz de consenso se concentram em coordenação e processos. Essas "ferramentas gerenciais" incluem treinamento, procedimentos operacionais e sistemas de mensuração. Para que essas ferramentas funcionem, os membros do grupo precisam concordar sobre o que fazer, mas não necessariamente sobre o que desejam de sua participação na organização.

Por exemplo, em muitas empresas as razões pelas quais operários sindicalizados vão ao trabalho são muito diferentes das razões dos executivos seniores de marketing. Mas se ambos os grupos concordarem que determinados procedimentos operacionais resultarão em produtos com os níveis almejados de qualidade e custo, eles cooperarão para seguir esses procedimentos.

Os sistemas de mensuração também podem incentivar a cooperação em situações como essas. Durante as duas primeiras décadas da Intel, a margem bruta por wafer era o principal indicador de lucratividade. Na década de 1980, as memórias DRAM produzidas pela empresa, que tiveram altas margens brutas na década de 1970, definhavam diante da concorrência japonesa. Concentrados no principal indicador – e mesmo sem um mandato executivo explícito –, gerentes médios em partes distintas da organização cooperaram para mudar a ênfase da produção de memórias DRAM a microprocessadores, que se tornaram produtos de margem mais alta.

FERRAMENTAS DE LIDERANÇA

As ferramentas úteis no quadrante superior esquerdo da matriz de consenso tendem a ser orientadas aos resultados, e não ao processo. Essas "ferramentas de liderança" podem incentivar a cooperação contanto que haja um alto nível de consenso de que a mudança proposta está alinhada com a razão pela qual os empregados escolheram trabalhar na empresa – mesmo se o nível de consenso sobre como atingir a mudança for baixo. Líderes carismáticos respeitados pelos empregados, por exemplo, muitas vezes não dizem como as coisas serão feitas. Em vez disso, eles motivam as pessoas a "arregaçar as mangas e fazer o que for necessário". Bons gerentes de vendas costumam empregar muito bem essas ferramentas.

Bill Gates utilizou a ferramenta de liderança que chamamos de visão em seu memorando intitulado Internet Tidal Wave – o maremoto da internet –, que ajudou os empregados da Microsoft a perceberem que manter o domínio da empresa na indústria de software (o que eles queriam) demandava um agressivo reconhecimento de que a então nascente World Wide Web se tornaria parte integral da computação em vez de mero coadjuvante nos aplicativos de desktop, dominantes na época – uma idéia que ia contra a maioria das crenças mais profundas dos empregados. A violenta reação da equipe do Internet Explorer da empresa representou um duro golpe para a Netscape e conquistou para a Microsoft uma participação de mais de 90% no mercado de navegadores. Diante da agressiva concorrência do Google no final de 2005, Gates voltou a empregar essa técnica em um memorando sobre uma "onda de serviços", convocando uma transição das vendas de software em mídias físicas, como CDs e DVDs, para vendas de assinaturas.

As mesmas ações consideradas como inspiradoras e visionárias entre os empregados do quadrante superior esquerdo da matriz podem ser vistas com indiferença ou desdém por empregados dos quadrantes inferiores. Veja o exemplo das declarações de visão. Quando os membros de um grupo concordam sobre o que querem atingir, as declarações que articulam sobre o destino ao qual a organização precisa chegar podem ser estimulantes e inspiradoras. Mas se os empregados não concordarem em relação ao que querem, as declarações de visão não ajudarão muito a mudar o comportamento deles – além de induzir bocejos coletivos.

FERRAMENTAS CULTURAIS

Em organizações localizadas no quadrante superior direito da matriz, os empregados cooperarão quase automaticamente para progredir na mesma direção. Seu profundo consenso em relação às prioridades e sobre as ações que permitirão que a empresa atinja essas prioridades constitui a essência de uma cultura forte. Como Edgar Schein, do MIT, escreveu em *Organizational Culture and Leadership*, a cultura é "um padrão de premissas básicas compartilhadas que foram aprendidas por um grupo à medida que solucionava problemas de adaptação externa e integração interna, e que funcionou bem o suficiente para ser considerado válido e, em conseqüência, para ser ensinado aos novos membros como a forma correta de perceber, pensar e sentir em relação aos problemas". Em organizações com culturas fortes, as pessoas instintivamente priorizam opções similares e sua visão comum de como o mundo funciona significa que não é necessário discutir muito para decidir a melhor forma de atingir essas prioridades. Empresas com culturas fortes podem se autogerir em vários aspectos.

Mas essa mesma força pode fazer as organizações serem muito resistentes à mudança. As chamadas ferramentas culturais – como rituais e histórias – só facilitam a cooperação para preservar o *status quo*; elas não são ferramentas de mudança. Ferramentas de liderança e gerenciais também podem ser utilizadas nesse quadrante para promover a cooperação, mas só para reforçar ou melhorar a cultura existente. Um gestor de uma empresa como essa pode se ver como um líder visionário querendo definir uma nova trajetória para a organização. Ele pode querer utilizar uma declaração de visão como uma ferramenta para analisar e refinar sua visão. Mas e como uma ferramenta de mudança? Os empregados em empresas de cultura forte, no quadrante superior direito, têm poucas chances de cooperar com qualquer estratégia que não se encaixe em suas crenças profundamente compartilhadas em relação ao que querem e ao que deve ser feito. Carly Fiorina, da Hewlett-Packard, aprendeu essa lição a duras penas quando tentou mudar o chamado HP Way – o estilo da HP. Seus famosos confrontos com o Conselho de Administração e empregados da HP levaram à sua demissão em 2005, depois da controversa fusão da empresa com a Compaq. Essencialmente, como Durk Jager, da P&G, precisou reconhecer, as únicas ferramentas que podem ser utilizadas são aquelas eficazes no que se refere a *onde os empregados estão* – e, em culturas fortes, as ferramentas do quadrante superior direito levam à cooperação em uma mudança, na melhor das hipóteses, gradual.

O que os gestores podem – e não podem – fazer

Mencionamos anteriormente que não existe uma posição "melhor" na matriz de consenso – cada quadrante implica os próprios desafios. A posição de uma empresa pode refletir onde ela se encontra em seu ciclo de vida e é determinada, em grande parte, por seu nível de sucesso. A maioria das organizações começa à esquerda e muitas vezes na parte inferior da matriz, onde o controle do fundador orienta grande parte do que é priorizado e como as coisas são feitas. Se os empregados desenvolverem métodos eficazes que resultarem em sucesso, o consenso começará a se cristalizar na dimensão horizontal da matriz – quais ações geram os resultados desejados. À medida que a empresa tem sucesso, os empregados que se adaptarem a esse estilo de trabalho e que quiserem o que a administração sênior quer, tenderão a ser promovidos. Os que não se encaixarem tenderão a sair da empresa. Dessa forma, o sucesso é o mecanismo que desenvolve o consenso em relação ao que as pessoas querem e como poderão atingir seus objetivos. O sucesso conduz a organização ao quadrante superior direito.

As crises e o fracasso, por outro lado, podem destruir esse consenso, levando a organização para o quadrante inferior esquerdo. Os empregados em uma crise deixam de ter certeza e não concordam com unanimidade no que se refere às suas crenças sobre quais ações são necessárias. Gestores capazes e dispostos a utilizar ferramentas de poder durante as crises podem levar os empregados a cooperar em ações corretivas se souberem para onde a organização deve se direcionar e o que deve ser feito para chegar lá. Com efeito, teóricos da mudança organizacional freqüentemente prescrevem a "criação de uma crise" porque isso força os empregados a uma situação na qual podem ser convencidos a cooperar.

Apesar de a estratégia de criação de uma crise ter seus méritos, essa solução nem sempre pode ser aplicada: e se o CEO vir a necessidade de mudar de direção enquanto a empresa ainda estiver saudável – quando a crise estiver no futuro, não no presente? E se essa empresa saudável também tiver uma cultura extremamente forte? Essa foi a situação enfrentada por John Sculley, CEO da Apple Computer de 1983 até 1993. Vindo de uma carreira vitoriosa na PepsiCo, Sculley era um executivo excepcional. Durante seus primeiros anos na Apple, a empresa continuou a prosperar, mas, no final da década de 1980, Sculley pressentiu problemas e viu a necessidade de mudar a estratégia de três maneiras específicas. Em primeiro lugar, viu novos fabricantes de computadores de baixo custo, como a Dell, explorando ameaçadoramente formas de produzir computadores de desempenho superior com seus modelos de negócios de baixo custo. Sculley declarou que a Apple precisava penetrar agressivamente no mercado de poder aquisitivo mais baixo, reduzindo os preços em até 75% para resistir aos ataques da nova concorrência. Em segundo lugar, antes de a Microsoft lançar seu sistema operacional Windows, Sculley encorajou a Apple a abrir sua arquitetura patenteada de produto e começar a vender seu elogiado sistema operacional. Em terceiro lugar, ele viu que aparelhos portáteis se tornariam um importante mercado em crescimento. Em retrospecto, Sculley viu o futuro do setor com notável clareza.

Mas ser um líder visionário implica mais do que isso. Quando líderes como Sculley concluem que o direcionamento da organização deve mudar, precisam levar em consideração onde os empregados da empresa se posicionam na matriz de consenso. Na Apple, eles definitivamente estavam no quadrante superior direito – alguns diziam que na Apple a "cultura" era quase um "culto". Sculley tentou reorganização, demissões, sistemas de controle, incentivos financeiros, treinamento, sistemas de mensuração, normas e procedimentos, declarações de visão, persuasão, planejamento estratégico e muitas outras ferramentas para promover a cooperação visando concretizar as mudanças que vislumbrava. Nada funcionou. Os empregados da Apple simplesmente não ouviam.

Sculley aos poucos foi perdendo credibilidade perante o Conselho de Administração e os empregados à medida que uma ferramenta após a outra falhava em produzir as mudanças desejadas, até que foi demitido em 1993. O Conselho de Administração da Apple nomeou Michael Spindler, que liderava as bem-sucedidas operações européias da empresa, como novo CEO. Spindler também descobriu que as únicas ferramentas de cooperação disponíveis eram aquelas que reforçavam a cultura da Apple e foi demitido depois de três anos. O Conselho então contratou Gil Amelio, que tinha revitalizado a National Semiconductor, então com profundos problemas, esperando que ele conseguisse fazer o mesmo na Apple. Ele não conseguiu e estava fora da empresa em 18 meses.

Incapaz de recrutar outro CEO qualificado, o Conselho da Apple recorreu em desespero a Steve Jobs, fundador da Apple que havia sido forçado a sair para atuar como CEO interino. Jobs essencialmente parou de tentar mudar a empresa e, em vez disso, incentivou as tropas a continuarem projetando produtos modernos, inovadores e sofisticados, como o iMac e o iPod. Atualmente a Apple domina a indústria de música digital. Mas se existisse uma ferramenta que pudesse ser aplicada nessa forte cultura para promover a cooperação e conduzir a empresa no novo direcionamento vislumbrado por Sculley, a Apple poderia ter colhido grande parte dos frutos que acabaram caindo nas mãos da Compaq, da Dell e da Microsoft.

A ferramenta da desagregação

Nem tudo está perdido para gestores que vêem a necessidade de mudar uma empresa de sucesso antes do início de uma crise. Eles podem aplicar a ferramenta da *desagregação* – a separação da organização em unidades. Isso permite que os gestores da nova unidade criem um consenso diferente entre seus empregados em relação ao que querem e como chegarão lá, enquanto a cultura anterior continua a prosperar na unidade original.

A desagregação funciona eliminando a necessidade de cooperação entre grupos com metas opostas. Foi assim que a Hewlett-Packard conseguiu sair vitoriosa no inovador negócio de impressoras a jato de tinta ao mesmo tempo em que seu negócio de impressoras a laser prosperava com um modelo de lucros muito diferente. A HP desagregou o negócio de impressoras, deixando a unidade de impressora a laser em Boise, Idaho, e montando a unidade de impressoras a jato de tinta em Vancouver, Washington. Da mesma forma, por ter utilizado a ferramenta da desagregação, a IBM conseguiu se manter forte na indústria de computadores por muitos anos, enquanto todos os seus rivais em mainframes e minicomputadores fracassaram. Quando os minicomputadores começaram a invadir o mercado de mainframes, a IBM criou uma unidade de negócios separada em Rochester, Minnesota, para se concentrar em minicomputadores, que precisavam ser projetados, produzidos e vendidos em um modelo econômico muito diferente em comparação com os mainframes. Quando os computadores pessoais começaram a invadir o setor de minicomputadores, a IBM voltou a se desagregar, montando outra unidade independente em Boca Raton, Flórida, que desenvolveu um modelo de negócios customizado para PCs. Se os executivos da IBM tivessem tentado convencer os gestores e empregados do negócio original de computadores a cooperarem na execução da estratégia, modelo econômico e cultura para ter sucesso simultâneo nos setores de mainframes, minicomputadores e PCs, a empresa teria fracassado.

O domínio das ferramentas de cooperação na Continental Airlines

Seria raro, é claro, ter *todos* os empregados de uma empresa em uma única posição da matriz de consenso em determinado momento ou ao longo do tempo. Enquanto o grupo de gerentes seniores fundadores pode estar no quadrante superior direito, os empregados da produção podem se posicionar no quadrante inferior direito. O pessoal de vendas e de design criativo pode estar no quadrante superior esquerdo, com a mesma percepção do que é importante, mas não disposto a se sujeitar aos tipos de normas e processos que são eficazes no quadrante inferior direito. A maioria dos gestores, infelizmente, tem um conjunto limitado de ferramentas e, dessa forma, só consegue gerenciar com sucesso em determinadas situações. Uma das habilidades gerenciais mais raras é a capacidade de saber quais ferramentas funcionarão em determinada situação – e não desperdiçar energia ou arriscar a credibilidade utilizando ferramentas que não funcionarão.

Gordon Bethune, CEO da Continental Airlines de 1994 até 2004, foi um desses gestores. Bethune foi o décimo CEO da companhia aérea em dez anos, depois de uma gestão desastrosa incluindo uma das piores classificações da indústria em bagagens perdidas, reclamações de clientes, overbooking e atrasos. Além disso, a Continental declarou falência duas vezes durante a década anterior e estava perdendo $55 milhões por mês, apesar de anos de cortes de custos.

Bethune recusou o cargo de CEO duas vezes, apesar de já atuar como o COO da Continental. A primeira oferta foi para atuar temporariamente como CEO durante a licença de seis meses do CEO existente e a segunda foi para assumir definitivamente o cargo de CEO depois que o executivo decidiu se aposentar. Apesar de os membros do Conselho de Administração respeitarem Bethune, eles acreditavam que a única forma de recuperar a lucratividade seria por meio de mais cortes de custos – um caminho que Bethune acreditava levar ao desastre, não à vitória. Considerando a significativa desavença sobre como recuperar a lucratividade, Bethune sabia que não poderia fazer nada sem a autoridade que vinha com o cargo de CEO, sem os qualificadores de "adjunto" ou "temporário".

Mesmo depois que o Conselho aprovou Bethune como CEO, poucas pessoas na empresa concordavam com sua visão não convencional de que a Continental precisava ser *menos* restritiva em relação aos empregados e gastar *mais* para escapar da falência. Como Bethune escreveu em seu livro *From Worst to First*, quando o pessoal de operações se recusou a cumprir suas instruções de repintar os mais de 200 aviões da companhia, ele ameaçou despedi-los se não cumprissem as ordens. Preocupado com a possibilidade de o pessoal do atendimento ao cliente estar microgerenciando os clientes por se basear em excesso em um manual de instruções detalhado demais, ele ateou fogo a uma pilha de manuais no estacionamento.

Depois de vencer algumas batalhas iniciais pela força, Bethune conseguiu sucesso preliminar e começou a tirar a empresa do quadrante inferior esquerdo, conduzindo-a para o quadrante superior direito. À medida que a empresa se recuperava, Bethune passou a empregar ferramentas de gestão mais tradicionais, incluindo incentivos financeiros. Quando ele ofereceu a cada empregado um bônus de $65 para cada mês que a Continental se classificasse entre as cinco melhores companhias aéreas em termos de pontualidade, a Continental passou para o quarto lugar no mês subseqüente, e depois para o primeiro lugar. Nosso modelo sugere que esse incentivo não teria funcionado no ambiente de desconfiança e desavença que caracterizava a empresa quando Bethune assumiu o cargo. Em 1998, a empresa tivera 11 trimestres subseqüentes de lucros crescentes e sido agraciada com dois prêmios consecutivos da J.D. Power and Associates. Bethune passou os últimos anos na Continental utilizando as ferramentas do quadrante superior direito, trabalhando para reforçar o que veio a se tornar uma cultura extremamente produtiva.

A escolha oportuna de ferramentas por parte de Bethune espelhou a de Jack Welch na General Electric, que começou como "Neutron Jack", utilizando ferramentas de poder quando a empresa era uma coletânea de negócios com enormes diferenças entre as culturas, procedimentos operacionais e expectativas em relação ao crescimento e à lucratividade. À medida que orientava a empresa ao redor do mantra de ocupar o primeiro ou o segundo lugar em cada um dos negócios do conglomerado, a GE passou do quadrante inferior esquerdo da matriz para o superior direito, e Welch mudou seu foco para atividades visando reforçar a cultura, treinando os gestores mais promissores no campus da empresa em Crotonville.

O sucesso de Bethune e Welch, é claro, representa ao mesmo tempo boas e más notícias para seus sucessores. Enquanto os propósitos compartilhados e a visão unificada de como atingi-los forem apropriados para os desafios de suas empresas, Larry Kellner e Jeffrey Immelt deverão ser capazes de conduzir o sucesso continuado utilizando as ferramentas de cooperação que receberam quando assumiram o cargo. No entanto, na ocorrência de mudanças no ambiente competitivo que demandarem transformação no que as pessoas querem ou nas ações necessárias, os CEOs podem descobrir que as ferramentas que seus antecessores utilizaram para revitalizar a organização não poderão ser utilizadas com eficácia no quadrante característico de uma cultura forte.

Por exemplo, muito foi escrito sobre o sucesso do ex-CEO Lou Gerstner na transformação da IBM de uma empresa produtora de grandes computadores a uma que girava ao redor dos serviços. É sempre difícil gerenciar a mudança. Mas nosso modelo sugere que o fato de ter assumido o controle da IBM quando a empresa estava em uma grande crise, perdendo bilhões de dólares, na verdade representou grande sorte para Gerstner. A situação exigia ferramentas de poder. À medida que os negócios de serviços da IBM amadurecem, seu sucessor, Sam Palmisano, pode enfrentar um desafio maior. Atualmente a empresa não está em crise, o que possibilitaria a utilização eficaz de ferramentas de poder para conduzir uma marcha cooperativa para uma nova direção. Palmisano está diante de um desafio cultural que provavelmente será mais difícil do que a crise enfrentada por Gerstner.

Bethune, Welch e Gerstner foram abençoados com um instinto para escolher as ferramentas certas no momento certo. Nossa esperança é que, ao explicitar os instintos de gestores eficazes, mesmo aqueles que não nascem sabendo como gerenciar a mudança podem aprender a fazê-lo com mais eficácia.

As ferramentas políticas

EM INSTITUIÇÕES com culturas sólidas (no quadrante superior direito da matriz de consenso), a democracia pode ser utilizada como ferramenta para incentivar a cooperação. Um insight importante desse modelo é que a democracia não funcionará se as pessoas não concordarem em relação a ambas as dimensões da matriz: o que elas querem e o que devem fazer para conseguir isso. A própria democracia depende da existência de fortes crenças culturais muitas vezes enraizadas nos ensinamentos de certas religiões. As instituições religiosas que fundamentam essas culturas ensinam que as pessoas devem ser livres e que devem ser voluntariamente honestas e respeitar a vida, a propriedade e oportunidades iguais para todos – porque, mesmo se a polícia não os prender e punir, eles serão recompensados ou punidos de alguma forma na vida após a morte. A prática dessas crenças – além de um valor compartilhado de que qualquer pessoa pode adorar a Deus como quiser – criou sociedades de sucesso em locais como a Índia, o Japão, os Estados Unidos e a Europa Ocidental. As práticas se tornaram tão profundamente incorporadas ao longo de vários anos que quase todas as pessoas nessas sociedades, independentemente de crença religiosa, atualmente compartilham desses valores e se posicionam no quadrante superior direito da matriz de consenso. A grande maioria das pessoas que vivem nessas culturas obedece à lei voluntariamente – e, como resultado, a democracia funciona.

Em algumas ocasiões, os norte-americanos em particular tentaram impor a democracia em países cujas populações não se posicionam no quadrante superior direito da matriz de consenso – países nos quais instituições religiosas ou de outra natureza não desenvolveram o tipo de consenso cultural compatível com os princípios democráticos. Quando os Estados Unidos essencialmente impunham seus valores a esses países, forçando-os a estabelecer democracias estáveis – e rapidamente –, normalmente o resultado era o caos. A criminalidade, a corrupção e a sonegação de impostos que caracterizam grande parte da Rússia, o colapso da ordem civil que atormenta o Haiti e o custoso e trágico dilema que os Estados Unidos atualmente enfrentam no Iraque são provas do fato de que a democracia não funciona na ausência de precondições que a possibilitem.

Publicado originalmente em outubro de 2006
Reimpressão R0610D

Os colaboradores

JEFF BEZOS fundou e é o CEO da Amazon.com.

JOSEPH L. BOWER é professor de Administração de Empresas da cadeira **DONALD K. DAVID** da Harvard Business School, em Boston.

CLAYTON M. CHRISTENSEN é professor de Administração de Empresas da cadeira Robert and Jane Cizik da Harvard Business School, em Boston.

CLARK G. GILBERT é administrador da Brigham Young University, Idaho, em Rexburg, e ex-professor da Harvard Business School.

PAUL HEMP é editor sênior da *Harvard Business Review*.

JEFFREY R. IMMELT é chairman e CEO da General Electric.

JULIA KIRBY é editora, em Edições Especiais, da *Harvard Business Review*.

MICHAEL C. MANKINS é sócio no escritório de San Francisco da Bain & Company, uma empresa de consultoria de organização global.

MATT MARX é doutorando na Harvard Business School.

ANITA M. MCGAHAN é Everett V. Lord Distinguished Faculty Scholar e professora na Faculdade de Administração da Boston University e professora adjunta sênior no Institute for Strategy and Competitiveness da Harvard University, em Cambridge.

SAMUEL J. PALMISANO é CEO da IBM.

RICHARD STEELE é sócio no escritório de Nova York da Marakon Associates, uma empresa de consultoria de organização e estratégia.

HOWARD H. STEVENSON é professor de Administração de Empresas da cadeira Sarofim-Rock da Harvard Business School e vice-reitor da Harvard University Resources and Planning. Também é chairman da Harvard Business School Publishing.

THOMAS A. STEWART é editor e diretor-gerente da Harvard Business Review.

CHRIS ZOOK é autor de *Unstoppable: Finding Hidden Assets to Renew the Core and Fuel Profitable Growth* e líder da prática Global Strategy da Bain & Company.

Índice

Conheça também os outros livros da série:

Este livro conciso lhe oferece os insights necessários para maximizar os resultados de sua equipe de vendas e para planejar o crescimento futuro.

GESTÃO ESTRATÉGICA DE VENDAS

ISBN: 978-85-352-2914-1
Páginas: 216

Com as táticas deste livro, você acabará com a concorrência construindo relacionamentos mais profundos com fornecedores, alinhando incentivos e descartando o peso morto a cada passo que você der em seu processo.

GESTÃO DA CADEIA DE SUPRIMENTOS

ISBN: 978-85-352-2913-4
Páginas: 216

Repleto de sugestões imprescindíveis, propostas por especialistas respeitados, este livro oferece uma ampla gama de instrumentos e práticas que orientará você nas suas escolhas mais difíceis.

DECISÕES MAIS INTELIGENTES

ISBN: 978-85-352-2933-2
Páginas: 216

Este livro ajudará você a despertar para os desafios que enfrenta diariamente, tornando-o um líder mais forte, mais sagaz e mais capacitado.

RUMO À LIDERANÇA

ISBN: 978-85-352-2912-7
Páginas: 208

Este livro oferece poderosas táticas e ferramentas de especialistas em gestão que o ajudará a liderar de forma inovadora.

LIDERANÇA INOVADORA

ISBN: 978-85-352-2915-8
Páginas: 184

Este livro oferece lições sobre como desempenhar um papel de liderança e lidar com suas peculiaridades.

COMO O LÍDER PENSA

ISBN: 978-85-352-1682-0
Páginas: 176

Este livro foi impresso nas oficinas gráficas da Editora Vozes Ltda.,
Rua Frei Luís, 100 – Petrópolis, RJ,